企业级卓越人才培养解决方案"十三五"规划教材

网店运营基础
——电子商务基础项目实战

天津滨海迅腾科技集团有限公司　主编

南开大学出版社

天　津

图书在版编目（CIP）数据

网店运营基础：电子商务基础项目实战 / 天津滨海
迅腾科技集团有限公司主编 . — 天津：南开大学出版社，
2018.8（2021.2 重印）
ISBN 978-7-310-05649-1

Ⅰ.①网… Ⅱ.①天… Ⅲ.①网店—运营管理 Ⅳ.
①F713.365.2

中国版本图书馆 CIP 数据核字 (2018) 第 188546 号

主　编　李树真　王勤淼　韦　钰
副主编　周　晓　周　印　赵　宁　张永宏

网店运营基础：电子商务基础项目实战
WANGDIAN YUNYING JICHU：DIANZI
SHANGWU JICHU XIANGMU SHIZHAN

南开大学出版社出版发行
出版人：陈　敬
地址：天津市南开区卫津路 94 号　　邮政编码：300071
营销部电话：(022)23508339　营销部传真：(022)23508542
http://www.nkup.com.cn

天津泰宇印务有限公司印刷　全国各地新华书店经销
2018 年 8 月第 1 版　　2021 年 2 月第 3 次印刷
260×185 毫米　16 开本　11.25 印张　250 千字
定价：49.00 元

如遇图书印装质量问题，请与本社营销部联系调换，电话：(022)23508339

企业级卓越人才培养解决方案"十三五"规划教材
编写委员会

王建国　烟台黄金职业学院

陈章侠　德州职业技术学院

郑开阳　枣庄职业学院

张洪忠　临沂职业学院

常中华　青岛职业技术学院

刘月红　晋中职业技术学院

赵　娟　山西旅游职业学院

陈　炯　山西职业技术学院

陈怀玉　山西经贸职业学院

范文涵　山西财贸职业技术学院

任利成　山西轻工职业技术学院

郭长庚　许昌职业技术学院

李庶泉　周口职业技术学院

许国强　湖南有色金属职业技术学院

孙　刚　南京信息职业技术学院

夏东盛　陕西工业职业技术学院

张雅珍　陕西工商职业学院

王国强　甘肃交通职业技术学院

周仲文　四川广播电视大学

杨志超　四川华新现代职业学院

董新民　安徽国际商务职业学院

谭维奇　安庆职业技术学院

张　燕　南开大学出版社

企业级卓越人才培养解决方案简介

企业级卓越人才培养解决方案（以下简称"解决方案"）是面向我国职业教育量身定制的应用型、技术技能人才培养解决方案。以教育部—滨海迅腾科技集团产学合作协同育人项目为依托，依靠集团研发实力，联合国内职业教育领域相关政策研究机构、行业、企业、职业院校共同研究与实践的科研成果。本解决方案坚持"创新校企融合协同育人，推进校企合作模式改革"的宗旨，消化吸收德国"双元制"应用型人才培养模式，深入践行基于工作过程"项目化"及"系统化"的教学方法，设立工程实践创新培养的企业化培养解决方案。在服务国家战略：京津冀教育协同发展、中国制造 2025（工业信息化）等领域培养不同层次的技术技能人才，为推进我国实现教育现代化发挥积极作用。

该解决方案由"初、中、高"三个培养阶段构成，包含技术技能培养体系（人才培养方案、专业教程、课程标准、标准课程包、企业项目包、考评体系、认证体系、社会服务及师资培训）、教学管理体系、就业管理体系、创新创业体系等；采用校企融合、产学融合、师资融合的"三融合"模式，在高校内共建大数据（AI）学院、互联网学院、软件学院、电子商务学院、设计学院、智慧物流学院、智能制造学院等；并以"卓越工程师培养计划"项目的形式推行，将企业人才需求标准、工作流程、研发规范、考评体系、企业管理体系引进课堂，充分发挥校企双方优势，推动校企、校际合作，促进区域优质资源共建共享，实现卓越人才培养目标，达到企业人才招录的标准。本解决方案已在全国几十所高校开始实施，目前已形成企业、高校、学生三方共赢的格局。

天津滨海迅腾科技集团有限公司创建于 2004 年，是以 IT 产业为主导的高科技企业集团。集团业务范围已覆盖信息化集成、软件研发、职业教育、电子商务、互联网服务、生物科技、健康产业、日化产业等。集团以科技产业为背景，与高校共同开展"三融合"的校企合作混合所有制项目。多年来，集团打造了以博士、硕士、企业一线工程师为主导的科研及教学团队，培养了大批互联网行业应用型技术人才。集团先后荣获天津市"五一"劳动奖状先进集体、天津市政府授予"AAA"级劳动关系和谐企业、天津市"文明单位""工人先锋号""青年文明号""功勋企业""科技小巨人企业""高科技型领军企业"等近百项荣誉。集团将以"中国梦，腾之梦"为指导思想，在 2020 年实现与 100 所以上高校合作，形成教育科技生态圈格局，成为产学协同育人的领军企业。2025 年形成教育、科技、现代服务业等多领域 100% 生态链，实现教育科技行业"中国龙"目标。

前　言

网络平台开店是电子商务运营技术的基础。本书基于淘宝平台进行讲解,淘宝在中国是深受欢迎的网购零售平台,拥有几亿的注册用户,在 C2C 市场占据了相当大的市场份额,开店门槛相对较低,做为案例讲解可操作性较强。

随着电子商务的发展,消费者对用户体验的要求越来越高,可以选择的余地也越来越大。具有雄厚实力的传统企业也开始入驻网络平台,卖家之间的竞争越来越激烈。面对这种情况,想在网上开店并脱颖而出,新手卖家要如何做呢?

本书从基础开店到上架产品优化系统地介绍如何开店,以项目为基础,贯穿整个技能点。采用每个技能点匹配一个小案例的方法进行讲解,本书最终包含一个大的实训案例,从而更清晰地看到相应的效果,更容易理解知识点的内涵,为网店运营打下坚实的基础。

全书共 5 个项目,以"淘宝开店流程"→"使用千牛软件"→"店铺装修"→"店铺免费引流"→"天天特价活动"为线索,讲解了在淘宝网上开店的方法与准备,软件的使用与店铺的装修,产品的网店推广与活动报名,以及网店运营思路与操作技巧等内容。

书中的每个项目都分为学习目标、学习路径、任务描述、任务技能、任务实施、任务拓展、任务总结、英语角、任务习题 9 个模块来讲解相应的内容。结构条理清晰、内容详细,任务实施与任务拓展可以将所学的理论知识充分的应用到实战中。本书的 5 个项目都是与淘宝开店、营销相关的类目,学习起来难度较小,使读者能够快速全面掌握所学的知识技能点。本书具有配套的资料包,包括课程 PPT、实训案例、拓展案例等,可进行辅助学习。

全书由李树真、王勤淼、韦钰任主编,由周晓、周印、赵宁、张永宏共同任副主编。赵宁、张永宏负责统稿,李树真、王勤淼、韦钰负责全面内容的规划,周晓、周印负责整体内容编排。具体分工如下:项目一与项目二由周印编写,李树真负责全面规划;项目三由周晓编写,王勤淼负责全面规划;项目四与项目五由赵宁、张永宏编写,韦钰负责全面规划。

本书内容系统、结构完整、讲解简明、方便实用,是电子商务基础运营人员学习的最佳参考书,为准备在网上开店的新手,或已在网上开店但缺少经营技巧与经验的用户,提供了宝贵的实战经验。

天津滨海迅腾科技集团有限公司
技术研发部

目　录

第一章 淘宝开店流程

 学习目标

本章节重点学习淘宝开店的流程,了解淘宝开店前需要准备什么,熟悉淘宝开店的步骤,掌握产品上架的过程,具有开淘宝店铺的能力。在任务实现过程中:

- 了解淘宝开店前需要准备什么。
- 熟悉淘宝开店的步骤。
- 掌握产品上架的过程。
- 具有开淘宝店铺的能力。

 学习路径

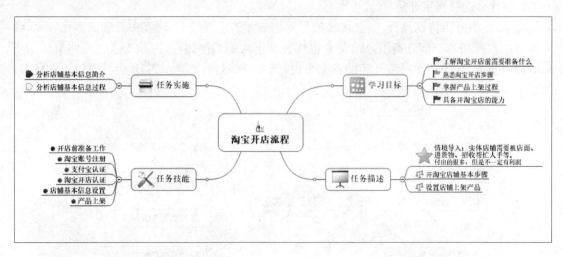

 任务描述

【情境导入】

开一家实体店铺需要考虑挑选店铺地址,对店铺进行装修,寻找供货商家等多种事情,付

出很多努力,但是不一定会有利润回报。因此,在互联网时代,很多人选择开淘宝店铺,但是在开淘宝店铺之前,需要了解开淘宝店铺需准备什么,如何开店铺、发布产品等,了解到这些才能使淘宝店铺顺利的开起来。本章节主要通过对开淘宝店铺的准备工作、操作步骤、发布产品等知识点的介绍,学习如何在淘宝上开设一家属于自己的店铺。

技能点 1　开店前准备工作

1. 电子商务简介

电子商务是以计算机网络为基础,以电子技术为手段,以商务为核心,在国家法律许可的范围内进行的商务活动。电子商务把传统的销售、购物渠道应用到互联网上,买卖双方不用谋面就能实现各种商业和贸易活动,从而以更简单、快捷、低成本的方式进行商务活动。

电子商务常见的运作模式有:企业对企业 B2B(Business to Business),例如:阿里巴巴网、慧聪网等;企业对个人 B2C(Business to Consumer),例如:京东商城、天猫网等;个人对个人 C2C(Consumer to Consumer),例如:淘宝网、易趣网等;线上对线下 O2O(Online To Offline),例如:苏宁电器、国美电器等。

2. 为什么选择淘宝开店

如今,网络开店特别流行,一些传统的行业也陆续的走到线上,现实中开店成本比较高,线上就可以省掉相当一部分费用。消费者也体会到了网购的便捷性,网购需求在网络群体的不断增加中变大,作为初次网络开店的商家来说,淘宝开店是首选。淘宝开店具有以下的优势,如图 1.1 所示。

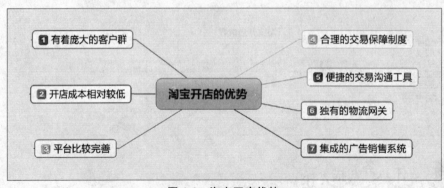

图 1.1　淘宝开店优势

(1)有庞大的客户群:有客户才会有成交。

(2)开店成本相对较低:没有货源的顾客可以首选阿里巴巴货源,不需要个人压货,减少成本支出。

（3）平台比较完善：有着特有的支付体系，淘宝平台到今天已经发展了 15 年，系统还在不断的完善。

（4）具有合理的交易保障制度：作为商家需要缴纳保证金。

（5）便捷的交易沟通工具：开店后卖家可以使用千牛阿里旺旺等软件进行交流。

（6）独有的物流网关：淘宝整合了多家快递，成立了菜鸟物流，在运输上得到了保障。

（7）集成的广告销售系统：淘宝直通车是一个非常好的引流工具，以及淘宝客、智钻等。

作为初学者，网络开店以淘宝开店作为案例，操作性更强，开店成本低，年满 16 周岁以上就可以开店，开店后缴纳相应的保证金，保证金只是冻结了相应的资金，不开店的时候可以解冻，不想缴纳押金可以开通加入保证金计划，缴纳相应的年费就可以上架新品（后期会讲到）。

3. 开店准备

在淘宝网上开个自己的小店已经是一种很常见很热潮的事情了，对于想要开淘宝店的新手，应该要具备哪些条件呢？下面从硬件、软件以及网银三方面来分析。

（1）硬件

①电脑

准备一台电脑是必须的。电脑价格方面的要求不用太高，购买现在主流市场上 3000 元左右的台式电脑或是笔记本电脑就可以，如图 1.2 所示。电脑在开店中的作用是可以对店铺进行修饰美化并且登录 PC 版的千牛与客户聊天。

图 1.2　电脑

②路由器

电脑联网需要购买路由器，如图 1.3 所示。安装路由器的主要作用是为了智能手机可以随时连上网。

图 1.3　路由器

③手机

准备一台苹果系统或者安卓系统的智能手机,如图 1.4 所示。手机主要的作用是登录移动版的千牛,千牛是淘宝上的常用聊天工具,要做到可以及时回复客户的问题,不丢失任何一个客户。

图 1.4　手机

③数码相机

还要再准备一部普通的数码相机,如图 1.5 所示。其主要的功能是帮产品拍照,或者帮模特拍照。开一个淘宝店,需要上传很多的产品照片在淘宝等平台上,以供客户选择。如果有条件,建议购买单反相机,拍出来的效果会更好。

图 1.5　相机

（2）软件

软件主要包括与客户交流的千牛工具，装修店铺的工具等

①千牛软件

千牛是阿里巴巴集团官方出品的供淘宝、天猫商家使用的工作软件，是在卖家版旺旺的基础上升级而来。千牛工作台，不仅是即时沟通工具（旺旺），而且还可以进行商品管理，店铺流量实时监控等，更适合有网站管理需求的卖家用户，如图 1.6 所示。

图 1.6　千牛软件

② Photoshop 软件

Photoshop 主要用于产品详情页制作、店铺装修和活动图的制作等，是开网店必须掌握的平面处理软件，推荐安装 Photoshop CS6 版本，如图 1.7 所示。

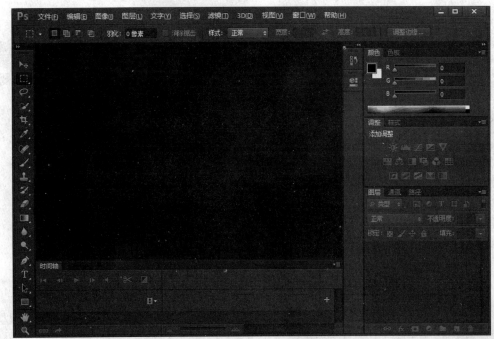

图 1.7　Photoshop 软件

③ Dreamweaver 软件

Dreamweaver 是一款网页设计软件。淘宝卖家可以用它来设计精美的网页,使网店更具特色。推荐安装 Dreamweaver CS6 版本,如图 1.8 所示。如今网上也出现多种在线编辑工具,如:码工助手、盛夏科技等。

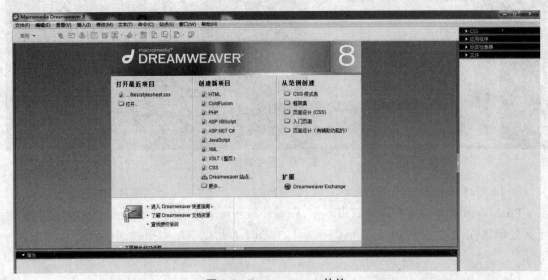

图 1.8　Dreamweaver 软件

(3)开通网上银行

网银是指银行面向所有用户和场景提供的网上银行综合服务,包括支付和转账等服务。在支付宝环境下,主要指用户通过网银充值到支付宝余额以及支付时跳转到网银扣款页面。

开通网上银行需要携带个人有效身份证件到各大银行柜台办理,办理时注意所绑定的手机号。使用网银支付时,浏览器会跳转到银行网银页面,按银行要求的信息填写进行支付。

技能点 2 淘宝账号注册

1. 淘宝账号概述

在淘宝网成功注册用户账户,就可以登录淘宝、在淘宝上购买产品以及申请淘宝开店。一个人可以注册多个淘宝账号,淘宝账号可以实名认证也可以不实名认证;一张身份证只能在淘宝网开一家店铺,申请开店后的这个身份证不能绑定到其他账户。

一个手机号最多可以绑定 6 个淘宝账号,但是只有一个淘宝账号能用此手机号作为账户名直接登录;其他账号需绑定邮箱,使用邮箱作为登录名,手机号可以绑定作为安全验证手机,不能作为登录名使用。

2. 淘宝注册流程

第一步,打开淘宝网首页,点击"免费注册"或"注册",有两个注册入口,入口①和入口②,如图 1.9 所示。

图 1.9 注册入口

第二步,点击"免费注册"或"注册"跳转到服务协议界面,点击"同意协议",如图 1.10 所示。

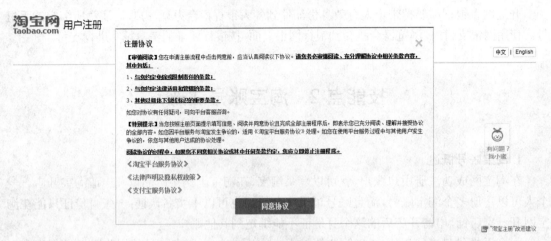

图 1.10　服务协议

第三步,根据注册提示完成每一步操作:输入手机号码,把验证"滑块"从左边拖到右边，手机接收到的验证码填到对应的验证码输入框中,如图 1.11 所示。

图 1.11　手机号验证

填写账号信息,根据提示输入登录密码,如图 1.12 所示。登录密码将作为后期登录淘宝账号时使用。

图 1.12　设置密码

　　然后设置会员名,会员名是独一无二的,设置后无法修改,根据销售的产品进行命名,如图
1.13 所示。

图 1.13　设置会员名

　　绑定开通网银的银行卡,保持银行卡持卡人与开店人一致,手机号码与开通银行卡预留手
机号一致。设置相应的支付密码,方便付款时使用,最好不要与登录密码一样,如图 1.14
所示。

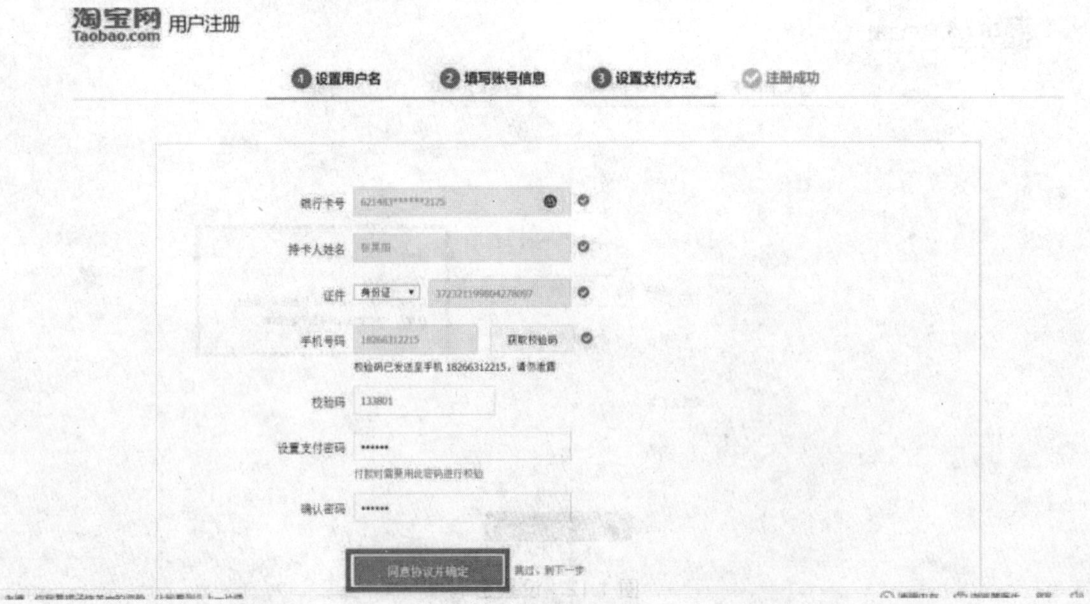

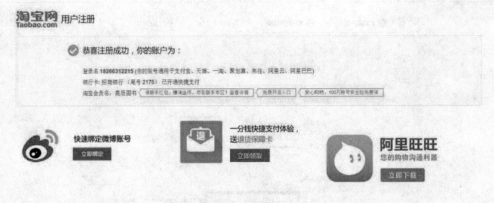

图 1.14　设置支付密码

　　点击"同意协议并确定"即可完成淘宝网用户注册,如图 1.15 所示。在淘宝首页登录账户。

图 1.15　完成注册

技能点 3　支付宝认证

1. 了解支付宝

　　支付宝是全球领先的独立第三方支付平台,如今几乎每个人都有支付宝,支付宝方便了网上产品交易支付,很多实体店铺也采用支付宝进行交易,用户只要手机上装有支付宝客户端,就可以随时随地完成支付,方便快捷。

支付宝发展到如今具有多种功能，如便民生活类、财富管理类、资金往来类、购物娱乐类、教育公益类、第三方服务类等功能。

2. 支付宝注册

第一步：通过链接（www.alipay.com）进入支付宝界面，点击"免费注册"，如图 1.16 所示。

图 1.16　注册入口

同意《服务协议与隐私权政策》，如图 1.17 所示。

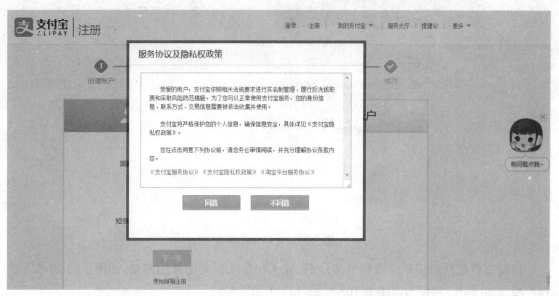

图 1.17　支付宝协议

第二步：进行注册。可以选择两种方式进行注册，一种电子邮箱支付宝，如图 1.18 所示；一种手机号支付宝，如图 1.19 所示。在不打算更换手机号码的情况下可以选择手机号支付宝，一般开店推荐使用邮箱支付宝。

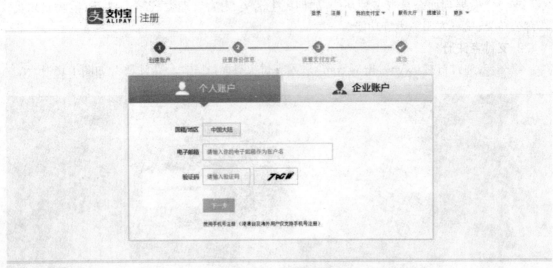

图 1.18　邮箱注册

图 1.19　手机号注册

　　根据支付宝注册提示完成每一步注册,输入作为支付宝账号的邮箱,如图 1.20 所示。建议不要用 qq 邮箱,可以考虑注册 163 邮箱、129 邮箱等邮箱。

图 1.20　邮箱注册页面

　　点击"下一步"跳转到验证手机界面，输入手机号验证用来保护账户资金安全，如图 1.21 所示。

图 1.21　设置手机号

　　手机验证后，点击"下一步"会有验证邮件发送到账户邮箱，如图 1.22 所示。

图 1.22　发送验证邮件至邮箱

登录邮箱进行验证,如图 1.23 所示,点击"继续注册"。

图 1.23　登录邮箱进行验证

第三步:设置身份信息完成对应的内容填写,填写登录密码、支付密码以及身份信息等,填写完成后点击"确认",如图 1.24 所示。

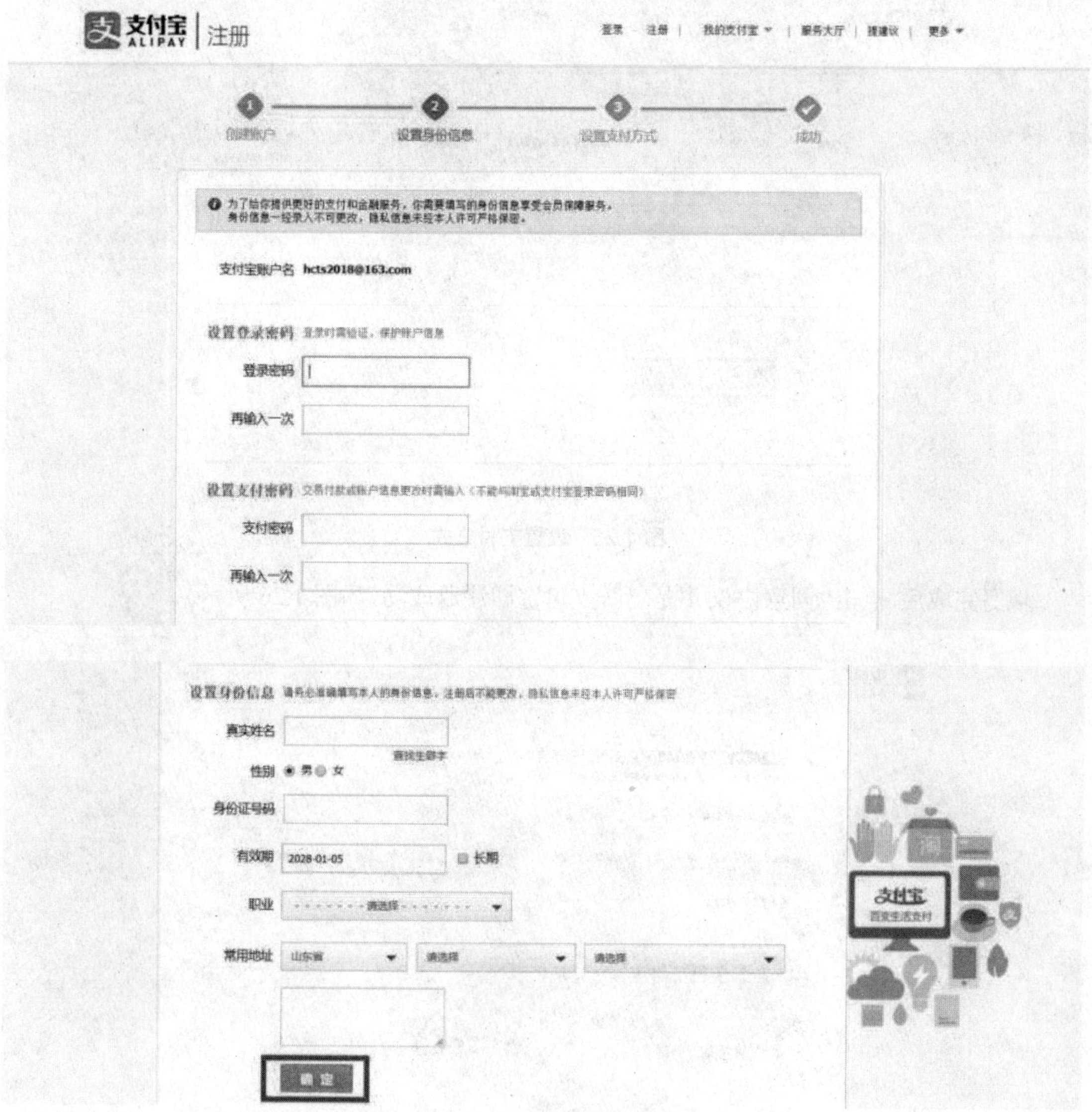

图 1.24　设置身份信息

　　第四步:设置支付方式,需要填写银行卡号、持卡人姓名、证件号并对手机号进行验证,如图 1.25 所示。

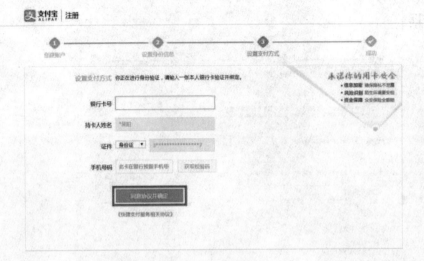

图 1.25　设置支付方式

填写完成后,点击"同意协议并提交",支付宝即注册成功,如图 1.26 所示。

图 1.26　注册成功页面

3. 登录支付宝

第一步:在支付宝界面(www.alipay.com)进行登录,输入账号以及密码,如图 1.27 所示。

图 1.27　登录

第二步：对注册成功的支付宝进行实名认证，认证入口如图 1.28 所示。

图 1.28　实名认证

查看自己名下所拥有的账户，如图 1.29 所示。点击"完善资料"。

图 1.29　查看账户

　　若看到个人身份信息被别人占用时需要进行申诉,防止他人使用本人支付宝,如图 1.30 所示。

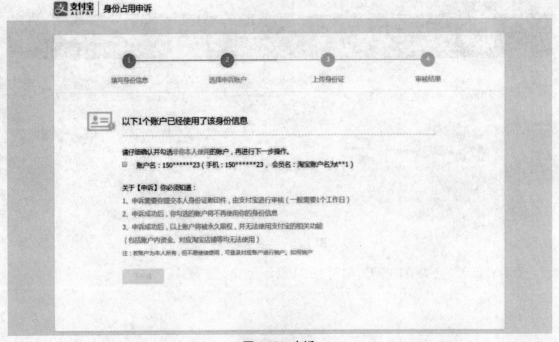

图 1.30　申诉

　　填写对应的身份信息,证件类型、证件图片等信息即可申诉,如图 1.31 所示。

图 1.31　填写身份信息

技能点 4　淘宝开店认证

1. 认证的作用

开店认证是淘宝依法对新开店的卖家进行身份核实的一种方式，是淘宝确认卖家店铺是否由本人所经营，并要求卖家在身份认证时补充开店人身份信息、真实经营地址及有效联系方式，以便验证卖家身份。淘宝开店认证遵循：一人一证只能经营一个淘宝店的原则。

淘宝开店前必须通过认证，只有认证成功后才能开店发布产品。出售中的产品数量连续 5 周为 0 件，店铺会彻底释放，系统会发送旺旺及邮件提醒，若要继续开店，需要重新点击"免费开店"，按照提示完成指定操作，店铺就可重新开张。

2. 认证步骤

第一步，进入认证界面。登录淘宝会员账号，选择"卖家中心"中的"免费开店"，如图 1.32 所示。

图 1.32　认证页面

点击"创建个人店铺"进行淘宝开店认证,如图 1.33 所示。

图 1.33　开店认证

点击"立即认证"后显示的界面如图 1.34 所示。

图 1.34　立即认证页面

第二步，安装钱盾。点击身份认证界面中的"立即认证"，显示界面如图 1.35 所示，

图 1.35　选择版本安装

　　根据"淘宝身份认证资料"中提示第一步,扫描安装钱盾(扫描安装位置可以展开,用手机扫描二维码,根据提示安装),安装好的钱盾打开界面如图 1.36 所示。

图 1.36　钱盾首界面

　　第三步,钱盾扫描认证。手机打开钱盾,点击右上角进行二维码扫描,"淘宝身份认证资料"第二步中的二维码如图 1.37 所示。

图 1.37　使用钱盾扫描认证

扫描后手机显示界面,如图 1.38 所示,点击"开始认证",认证时必须本人操作。

图 1.38 阿里实人认证

根据提示先完成"人脸验证"的操作(会有张嘴、摇头、眨眼等),如图 1.39 所示。

在完成人脸认证之后,进行身份证正、反面"确认证件",在拍摄照片时要避免证件反光,保证拍照清晰,如图 1.40 所示。

图 1.39 人脸认证

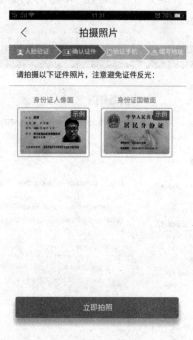

图 1.40 确认证件

最后进行"手机验证"与"填写地址",如图1.41所示,认证完成后会有认证成功提示,如图1.42所示。

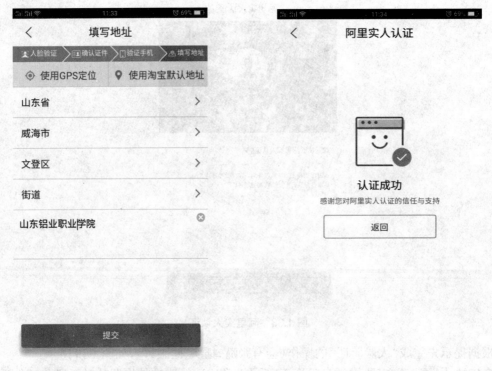

图 1.41　验证手机、填写地址　　　　　　　　图 1.42　认证成功

上述认证完成之后,在"申请开店认证"界面显示"淘宝开店认证"中"已通过"提示,如图1.43所示。

图 1.43　认证通过

技能点 5　店铺基本信息设置

在淘宝开店,对于新手卖家而言,怎么操作编辑店铺信息成为了一大难题。创建了店铺,首先需要设置店铺的基本信息。店铺基本信息包括:店铺类别、店标、店铺名字、店铺介绍等,那么如何设置呢? 以下是设置店铺信息步骤,希望对你有帮助。

1. 淘宝店铺设置基本信息

第一步,登录会员账号,进入"卖家中心",找到"店铺管理"中的"店铺基本设置"点击进入,如图 1.44 所示。

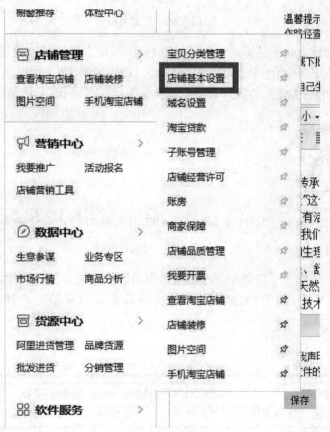

图 1.44 店铺基本设置

第二步,店铺名字。店铺名字是独一无二的,如果填写的店名被别人占用,那么就会保存失败,店铺名设置后也可以进行修改,如图 1.45 所示。(淘宝店铺名设置规范可查看网址 https://www.taodianjia.com/article/11554.html)。

图 1.45　店铺名称

　　第三步,店铺标志。店铺标志是店铺的象征,店铺标志图片可以设置成店铺 LOGO、产品商标等,最重要是让客户记住店铺,要求文件格式 GIF、JPG、JPEG、PNG;文件大小 80K 以内;推荐尺寸 80px*80px;美化后的图片直接点击上传图标即可,如图 1.46 所示。

店铺标志：

图 1.46　店铺标志

　　第四步,店铺简介。店铺简介会在店铺索引中展现出来,可以按下面格式填写,在大括号中编辑要填写的内容,如没有内容要填,把大括号去掉(【掌柜签名】【店铺动态】/【主营产品】),如图 1.47 所示。

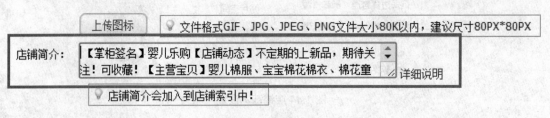

图 1.47　店铺简介

　　第五步,经营地址。目前淘宝网加强了对商家经营地址的管控,如果地址填写错误则无法提交保存。该地址可以不和营业执照上的相同。若经营地址填写无法保存成功,请更换附近能够在高德地图上定位成功的五级地址进行保存,如图 1.48 所示。

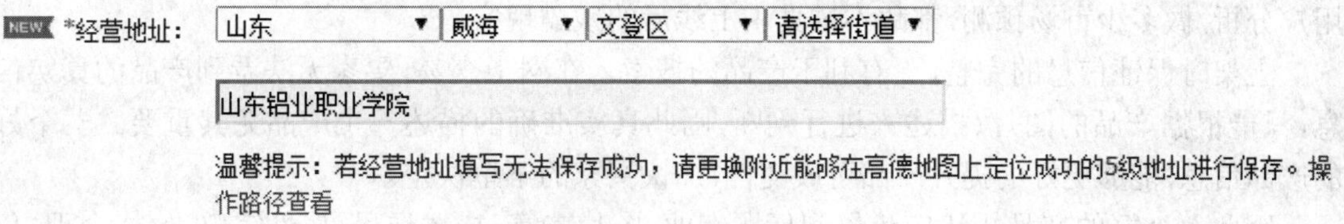

NEW *经营地址：　山东　　▼　威海　　▼　文登区　　▼　请选择街道 ▼

山东铝业职业学院

温馨提示：若经营地址填写无法保存成功，请更换附近能够在高德地图上定位成功的5级地址进行保存。操作路径查看

图 1.48　经营地址

第六步，主要货源。店铺产品的主要货源方式，根据店铺情况选择即可，如图 1.49 所示。

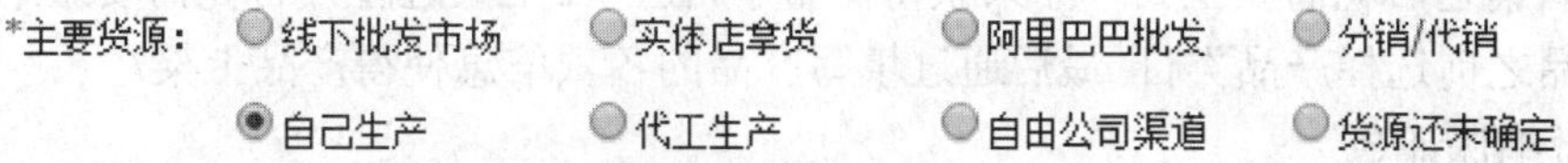

*主要货源：　○ 线下批发市场　　○ 实体店拿货　　○ 阿里巴巴批发　　○ 分销/代销
　　　　　　　● 自己生产　　　○ 代工生产　　　○ 自由公司渠道　　○ 货源还未确定

图 1.49　主要货源

第七步，店铺介绍。可以编辑店铺的发展历程、品牌文化、经营理念等，如图 1.50 所示。

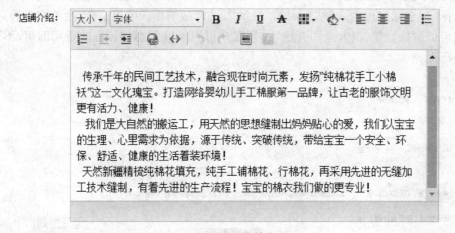

图 1.50　店铺介绍

第八步，保存。同意声明并保存，如图 1.51 所示。

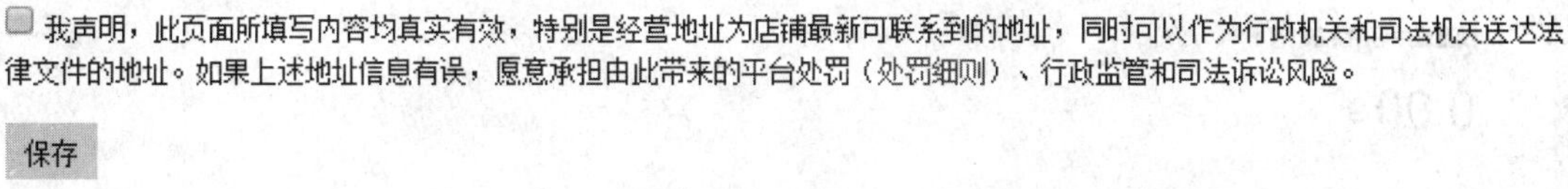

☑ 我声明，此页面所填写内容均真实有效，特别是经营地址为店铺最新可联系到的地址，同时可以作为行政机关和司法机关送达法律文件的地址。如果上述地址信息有误，愿意承担由此带来的平台处罚（处罚细则）、行政监管和司法诉讼风险。

保存

图 1.51　同意声明并保存

技能点 6　产品上架

1. 产品上架简介

产品的每次发布，对产品经理而言都是过一次鬼门关，无论前期做多少功能优化，做多少用户分析,做多少市场预测,都敌不过真正上线后的残酷现实。

上架时保证信息的完整,更有利于产品的搜索。在网上交易,买家无法看到产品的真实信息,只能根据产品的图片、描述来进行判断,因此真实准确的描述一个产品尤其重要。一个好的产品信息,能够更好的提升产品可成交性,加快买家的下单决定。

因此一个好的产品描述应该做到标题专业、图片丰富、描述详尽、属性完整、价格合理、免运费和备货及时等。

2. 产品上架过程

开启店铺之后就需要上架产品来获得流量了,在产品上架过程中首先需要缴纳押金,然后在上架产品之前选择产品类目,最后通过填写产品的各项信息使得产品上架。

（1）缴纳保证金

根据店铺发布商品的类目选择缴纳不同额度保证金,保证金缴纳成功后会展示在店铺信息区,让消费者看到店铺保障实力。

在卖家中心找到"淘宝服务"下的"消费者保证服务",点击进入,共两种缴纳方式:第一种,通过选择"现金账户可用余额"后面的"缴纳",进行缴纳相应的保证金,缴纳的金额只是冻结住,后期可以解冻。第二种,立即开通"信用账户可用额度",缴纳相应的费用即可,不退还,如图 1.52 所示。

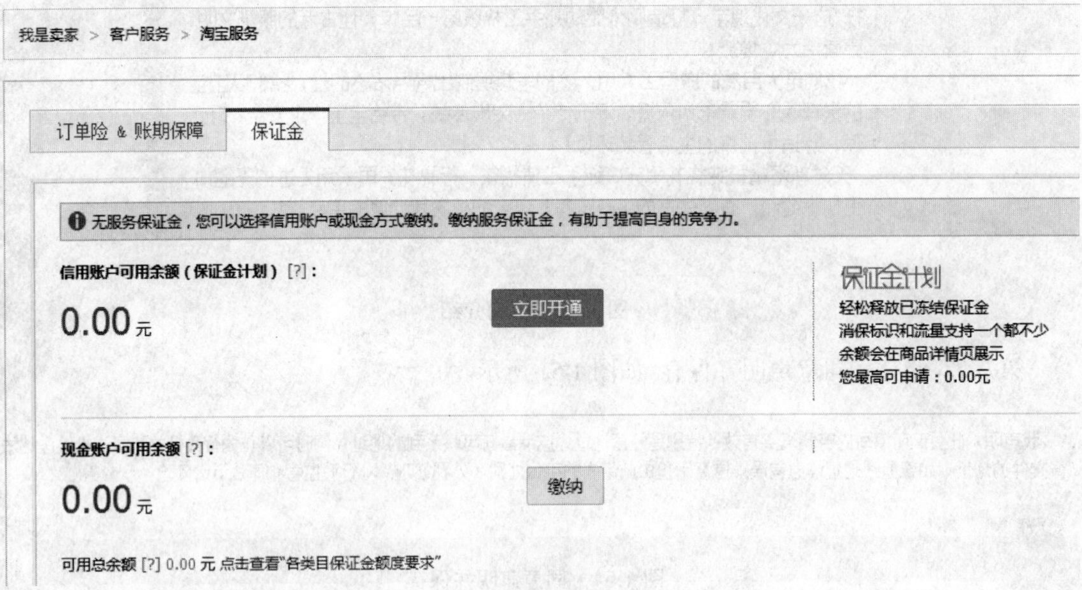

我是卖家 > 客户服务 > 淘宝服务

| 订单险 & 账期保障 | 保证金 |

ⓘ 无服务保证金,您可以选择信用账户或现金方式缴纳。缴纳服务保证金,有助于提高自身的竞争力。

信用账户可用余额（保证金计划）[?]:

0.00元　　　　　　　立即开通

保证金计划
轻松释放已冻结保证金
消保标识和流量支持一个都不少
余额会在商品详情页展示
您最高可申请: 0.00元

现金账户可用余额 [?]:

0.00元　　　　　　　缴纳

可用总余额 [?] 0.00 元 点击查看"各类目保证金额度要求"

图 1.52　缴纳保证金

（2）选择上架产品类目

首先登录淘宝账号进入卖家中心,找到"产品管理"中的"发布产品"点击进入。

有两种选类目方法:第一种方法,在这个界面可以选择类目搜索,输入对应上架产品的名称进行搜索,展现界面如图 1.53 所示,选择适合上架产品的类目,进行双击选定类目跳转界面或点击"我已阅读以下规则,现在发布宝贝"跳转。

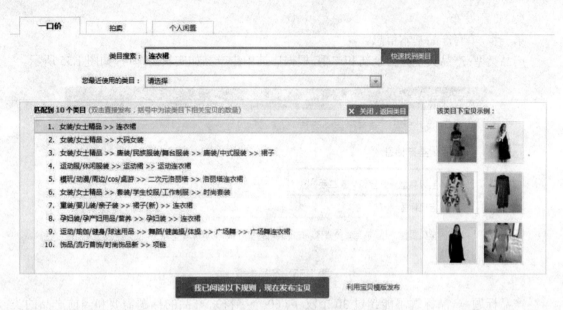

图 1.53 选择类目界面

第二种方法,逐层级选择适合发布产品的类目即可,再点击"我已阅读以下规则,现在发布宝贝"跳转,如图 1.54 所示。

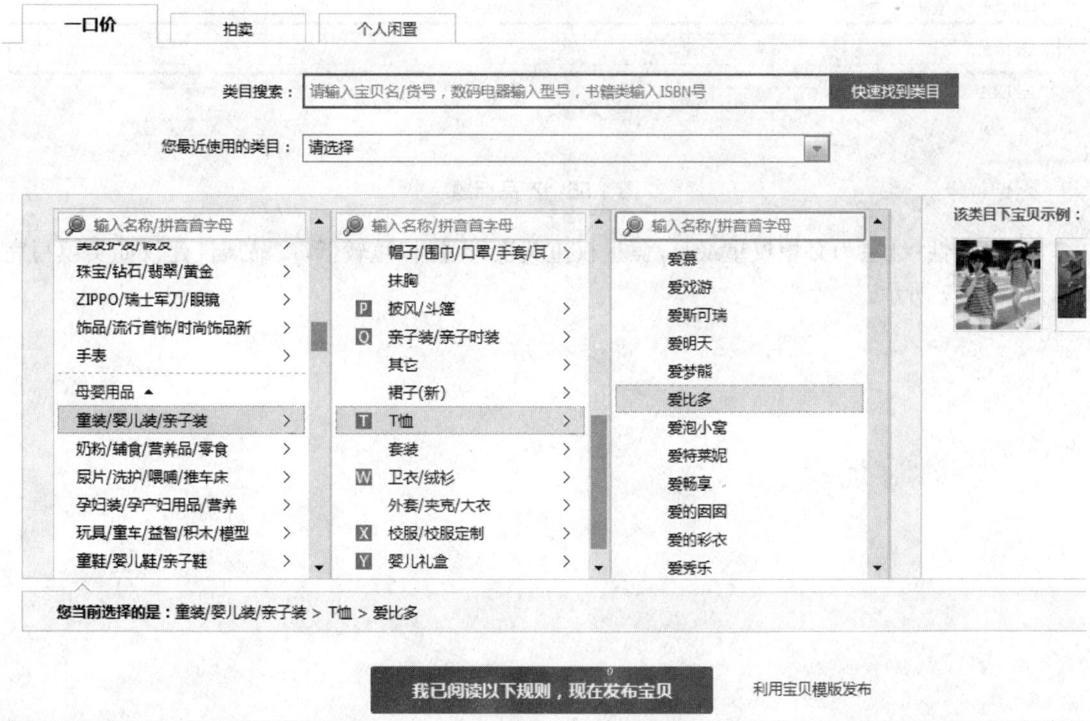

图 1.54 类目选择

（3）产品发布

第一步，填写产品基本信息。

产品类型：产品类型分为全新和二手，根据店铺销售产品如实填写即可，如图 1.55 所示。

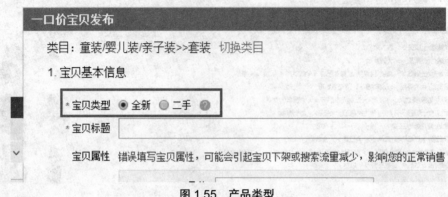

图 1.55　产品类型

产品标题：产品标题不能超过 30 个汉字（60 个字符），产品的标题需要和当前产品的类目、属性一致。如图 1.56 所示。

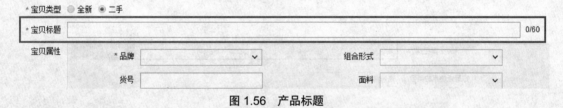

图 1.56　产品标题

产品属性：红星为必填权重最高，蓝星权重其次，无星权重较低，产品属性建议如实填写完整，如图 1.57 所示。

宝贝属性　错误填写宝贝属性，可能会引起宝贝下架或搜索流量减少，影响您的正常销售，请认真准确填写！

* 品牌		组合形式	
货号		面料	
安全等级		厚薄	
材质成分	＿＿ % 添加	适用季节	
	填写须知	风格	
适用性别		衣门襟	
模特实拍		图案	
适用场景		件数	
按关系送礼			
是否带帽子			

图 1.57　产品属性

　　电脑端图片：产品主图大小不能超过 3MB；700px*700px 以上图片上传后产品详情页自动提供放大镜功能，推荐尺寸 800px*800px；第五张白底图可增加手淘首页的曝光机会 。点击空白处即可上传，在发布产品前可以先把图片上传到图片空间，在上传时就可以从图片空间调取，如图 1.58 所示。

宝贝定制　☐ 支持定制　⑦

* 电脑端宝贝图片　宝贝主图大小不能超过3MB；700*700 以上图片上传后宝贝详情页自动提供放大镜功能。第五张白底图可增加手淘首页的曝光机会 查看规范

商品图片中的一张设为淘宝直通车推广创意时，更新此图片会同步至淘宝直通车创意。

主图视频

1、最新官方数据表明，有主图视频商品成交转化提升显著，建议尽快发布主图视频。
2、原PC主图视频发布，已实现同步手机，无需分开发布
3、时长：60秒以内，建议9-30秒可优先在猜你喜欢、有好货等公域频道抓取，获取新流量。
4、尺寸：建议1:1,16:9,利于消费者前台浏览体验。
5、内容：突出商品1-2个核心卖点，不建议电子相册或PPT图片翻页视频、
查看完整教程 官方淘拍免费制作主图视频 优质视频拍摄服务推荐>>

图 1.58　电脑端图片

　　产品规格：根据产品所具有的颜色和尺码，进行勾选。选择标准颜色可增加搜索机会，标准颜色还可填写颜色备注信息（偏深、偏亮等），每种对应颜色的产品可上传图片；选择产品所具有的尺码。当颜色与尺码种类较多时可以选择批量填充，如图 1.59 所示。

宝贝规格

颜色分类

选择标准颜色可增加搜索/导购机会，标准颜色还可填写颜色备注信息（偏深、偏亮等）！ 查看详情

| ☐ 选择或输入主色 | 备注（如偏深偏浅等） | 上传图片 |

参考身高

☐ 48cm　　☐ 52cm　　☐ 59cm　　☐ 66cm
☐ 73cm　　☐ 80cm　　☐ 85cm　　☐ 90cm
☐ 95cm　　☐ 100cm　　☐ 105cm　　☐ 110cm
☐ 115cm　　☐ 120cm　　☐ 125cm　　☐ 130cm
☐ 135cm　　☐ 140cm　　☐ 145cm　　☐ 150cm
☐ 155cm　　☐ 160cm　　☐ 165cm　　☐ 170cm
☐ 175cm　　☐ 180cm　　☐ 185cm　　☐ 请输入

宝贝销售规格

该类目下：颜色分类、参考身高，请全选或全不选，如果只选一部分则无法保存对应的价格和库存；库存为0的宝贝规格，在商品详情页不展示

宝贝销售规格

该类目下：颜色分类、参考身高，请全选或全不选，如果只选一部分则无法保存对应的价格和库存；库存为0的宝贝规格，在商品详情页不展示

批量填充： 价格　　数量　　商家编码　　条形码　　确定

颜色分类	参考身高	*价格（元）	*数量（件）	商家编码	商品条形码
乳白色	85cm	39	100		
	100cm	39	100		
黑色	85cm	39	100		
	100cm	39	100		

图 1.59　产品规格

电脑端描述：使用详情导航分组功能，消费者在详情页能够通过导航直接锚点到对应区块。支持将 PC 详情一键转化为无线描述，不会影响搜索流量。详情页多以图片的形式上传，在做电脑端描述前先把图片上传到图片空间，从图片空间里调取详情图，编辑界面如图 1.60 所示。

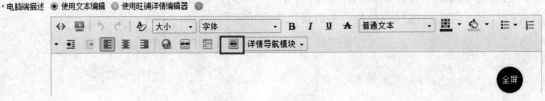

图 1.60　电脑端描述

手机端描述：可以针对性制作手机端详情页面，让消费者用手机浏览有个更好的体验效果，手机端的图片需要符合：图片宽度在 480~1242 像素之间；高度不超过 1920 像素；手机详情页的图片总的大小不得超过 10Mb，如图 1.61 所示。

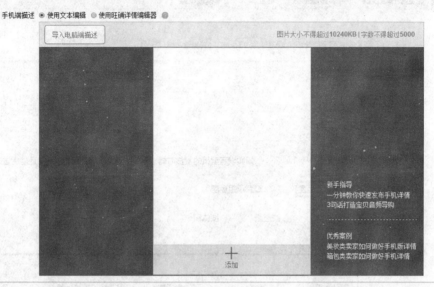

图 1.61　手机端描述

第二步，产品物流服务。

初次发布产品时需要新建运费模板，可以新建两种运费模板：第一种，包邮运费模板，在"是否包邮"项目里选择"卖家承担运费"，如图 1.62 所示。

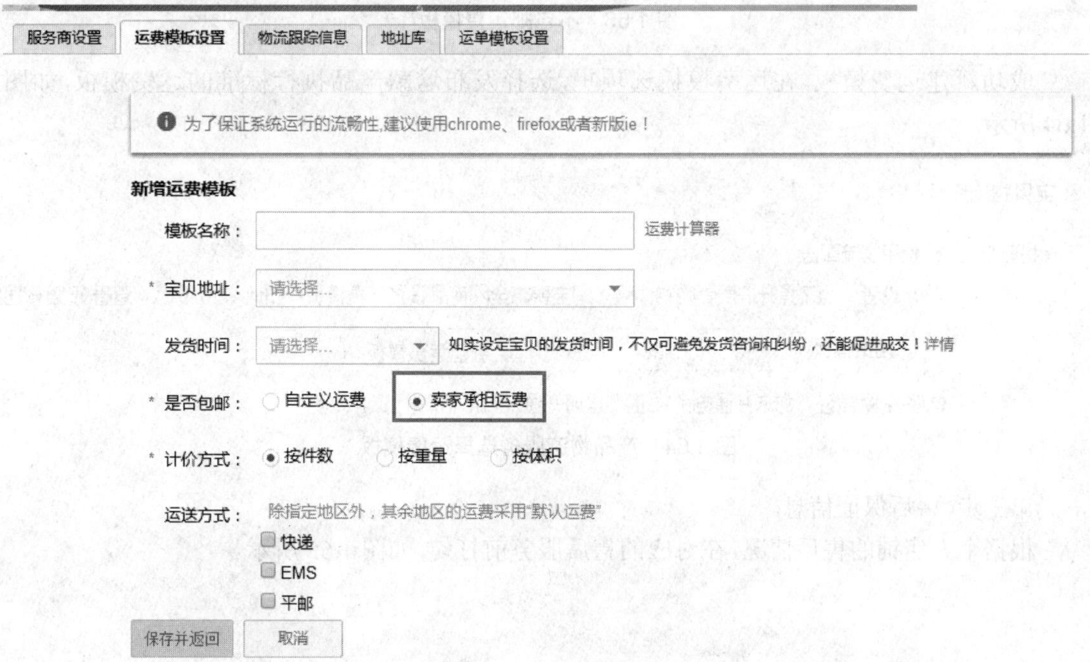

图 1.62　包邮运费模板

第二种,不包邮运费模板,这种模板可以自主设置快递费用,在"是否包邮"项里选择"自定义运费"。在"运送方式"中选择运送方式,设置执行标准,如图1.63所示。

| 服务商设置 | **运费模板设置** | 物流跟踪信息 | 地址库 | 运单模板设置 |

ⓘ 为了保证系统运行的流畅性,建议使用chrome、firefox或者新版ie!

新增运费模板

模板名称: _____ 运费计算器

* 宝贝地址: 请选择... ▼

发货时间: 请选择... ▼ 如实设定宝贝的发货时间,不仅可避免发货咨询和纠纷,还能促进成交!详情

* 是否包邮: ⦿ 自定义运费   ○ 卖家承担运费

* 计价方式: ⦿ 按件数   ○ 按重量   ○ 按体积

运送方式: 除指定地区外,其余地区的运费采用"默认运费"

☑ 快递

默认运费 [1] 件内 [___] 元,每增加 [1] 件,增加运费 [___] 元

为指定地区城市设置运费

☐ EMS

☐ 平邮

☐ 指定条件包邮 New *可选*

图 1.63　不包邮运费模板

成功新建运费模板,在运费模板选项里,选择发布这款产品执行标准的运费模板,如图1.64所示。

2. 宝贝物流服务

*提取方式 ☑ 使用物流配送

物流设置 为了提升消费者购物体验,淘宝要求全网商品设置运费模板,如何 使用模板,查看 视频教程

* 运费模板 [▼]   新建运费模板

电子交易凭证 您未开通电子凭证,申请开通 了解详情

图 1.64　产品物流服务选择运费模板

第三步,售后保证信息。

根据个人店铺的售后情况,在对应的售后服务前打勾,如图1.65所示。

3. 售后保障信息

售后服务　☐ 提供发票
　　　　　☐ 保修服务
　　　　　☑ 退换货承诺：凡使用支付宝服务付款购买本店商品，若存在质量问题或与描述不符，本店将主动提供退换货服务并承担来回邮费
　　　　　☑ 服务承诺：该类商品，必须支持【七天退货】服务，承诺更好服务可通过【交易合约】设置

图 1.65　售后保证信息

第四步，产品其他信息。如图 1.66 所示。

库存计数：拍下减库存，存在恶拍风险；付款减库存，存在超卖风险。根据店铺情况选择。

上架时间：上下架时间是影响淘宝搜索的一个重要因素，临近下架的产品排名会更靠前，为了产品更好的展现，上下架时间是淘宝优化的一个重点项。可以根据产品的上架规划情况选择定时上架。

橱窗推荐：橱窗是提供给卖家的免费广告位，在上架产品时有空余橱窗推荐位的情况下尽可能橱窗推荐。橱窗推荐位的多少会根据店铺的经营情况有所变动。

4. 宝贝其他信息

库存计数　⦿ 买家拍下减库存　◯ 买家付款减库存　❓
*上架时间　⦿ 立刻上架　◯ 定时上架　◯ 放入仓库
橱窗推荐　☑ 是　❓　您的橱窗使用情况：共【20】个，已用【0】个。

图 1.66　产品其他信息

第五步，点击发布或保存草稿。

选择立即上架，点击发布，产品就属于在线状态，顾客就可以进行购买，如图 1.67 所示。

图 1.67　商品展示

分析店铺基本信息

（1）简介

分析店铺的基本信息，可以看到店铺的大致情况，了解产品在上架过程中属性、标题、尺码等信息，分析其优势，从而取长补短。

（2）分析过程

第一步，在淘宝网选择一家店铺进入，如图1.68所示。此店铺为6DU STUDIO，从店铺的首页，可以看到店铺销售商品主要分为上装与下装，同时有搭配衣橱、热卖专区、新品上架等模块可以为客户推荐衣服。

图1.68　店铺首页

第二步，点开其中任意一件产品，可以看到产品的标题、价格、优惠情况、快递收费、尺码、颜色等信息，如图1.69所示。

图 1.69　产品首页

　　第三步,查看产品详情如图 1.70 所示。可以看到产品的属性描述,包括版型、领型、风格等。

袖长: 短袖	品牌: other/其他	货号: E5401
服装版型: 宽松	风格: 通勤	通勤: 韩版
穿着方式: 套头	组合形式: 单件	衣长: 常规款
领型: 圆领	袖型: 灯笼袖	图案: 纯色
服装款式细节: 立体装饰 纽扣	年份季节: 2018年夏季	颜色分类: 白色 浅蓝色
尺码: S M L		

图 1.70　宝贝详情

　　第四步,查看宝贝尺码,客户在购买服饰的时候,最注重的就是衣服的尺码问题,如图 1.71 所示。可以看到该产品尺码描述非常详细,不仅有服饰的尺码,还有各模特穿衣的情况,可以让顾客根据自己的身材自行选择。

尺寸	胸围	肩宽	袖长	长
S	130	32	21	63
M	134	33	22	64
L	138	34	23	65

注：数据仅供参考，因人工测量。可能存在2-3CM误差，请亲谅解。

试穿者	ZONA	CANDY	WINNIE	YUKI	LINDA
身高	155	158	163	169	170
体重	95	85	100	98	120
三围	82/68/82	81/64/86	80/68/90	82/70/89	87/72/95
平时穿着尺码	S/M	S	M	M/L	M/L
试穿尺码	S	S	S	S	S
效果及感受	合身	微宽松	合身	微宽松	合身

图 1.71　产品尺码

本项目通过对淘宝开店流程的介绍，使读者了解淘宝开店的流程，分别以淘宝开店的步骤和产品上架的过程来熟悉淘宝该如何开店，以具体步骤的形式掌握淘宝开店方法，学习之后能够根据自己的爱好开设一家属于自己的店铺

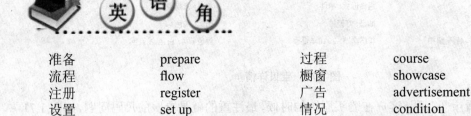

准备	prepare	过程	course
流程	flow	橱窗	showcase
注册	register	广告	advertisement
设置	set up	情况	condition

一、选择题

1. 不属于开店好处的是(　　　)。

A. 有庞大的客户群　　　　　　　　　　B. 需要电脑

C. 开店成本相对较低　　　　　　　D. 平台比较完善

2. 淘宝注册不需要（　　　）。

A. 手机号　　　　　　　　　　　　B. 身份证

C. 学生证　　　　　　　　　　　　D. 邮箱

3. 店铺信息的作用（　　　）。

A. 使客户更了解店铺　　　　　　　B. 装饰

C. 与同行竞争　　　　　　　　　　D. 闲得无聊

4. 商品上架是否需要缴纳押金（　　　）。

A. 是　　　　　　　　　　　　　　B. 不是

5. 开店前不需要准备（　　　）。

A. 银行卡　　　　　　　　　　　　B. 手机

C. 路由器　　　　　　　　　　　　D. 空调

第二章　使用千牛软件

 **学 习 目 标**

本章节通过对千牛软件的学习,能够了解千牛软件的安装、熟悉千牛软件的使用、掌握使用淘宝子账号设置相关内容,具有管理店铺子账号的能力。在任务实现过程中:

- 了解千牛软件的安装。
- 熟悉千牛软件的使用方法。
- 掌握使用淘宝子账号设置相关内容。
- 具有管理店铺子账号的能力。

 **学 习 路 径**

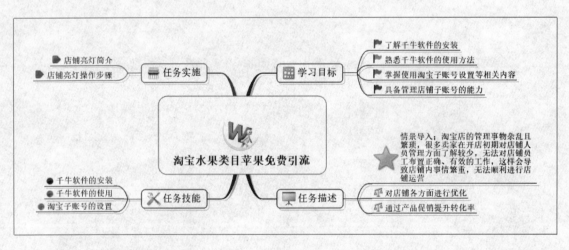

 **任 务 描 述**

【情境导入】

初期淘宝店铺的事物管理杂乱且繁琐,很多卖家对店铺人员管理方面了解较少,无法对店铺员工正确、有效地布置工作,这样会导致店铺内事务繁重,无法高效地进行店铺运营,因此,在开店之后,卖家需要了解对店铺人员应该如何管理,有效地分工,从而使店铺管理顺利。

　　本章节主要通过对千牛软件的下载与使用以及淘宝子账号的设置等知识点的介绍,学习如何高效的管理店铺工作人员,达到优质的管理效果。

技能点 1　安装千牛软件

1. 千牛简介

　　千牛是阿里巴巴集团官方出品的供淘宝卖家、天猫商家以及 1688 卖家使用的一站式工作台,是开店的必备工具,千牛下载时选择官网下载,可以减少插件以及广告植入。千牛分为电脑客户端和手机客户端。卖家可以随时随地的与顾客沟通,查看店内消息,提升经营效率,更便捷和高效的管理店铺。

2. 千牛下载

　　千牛下载的操作步骤如下:

　　第一步:在百度(www.baidu.com)首页搜索框,输入"千牛"点击进行搜索,如图 2.1 所示。

图 2.1　搜索千牛

第二步,点击"千牛",进入官网(http://cts.alibaba.com/product/qianniu.htm)首页,点击"下载千牛",如图 2.2 所示。

图 2.2　下载千牛

第三步,点击"下载千牛",根据个人的需求,如需在电脑上安装,选择电脑客户端下载;如需在手机上安装,选择手机客户端下载,如图 2.3 所示。

图 2.3　选择端口

第四步,点击"电脑客户端下载",然后根据个人电脑不同,点击下载相应版本千牛,如图 2.4 所示。

图 2.4　选择版本

第五步,选择好相应版本下载,选择相应的下载路径(根据电脑情况进行下载,建议不要下载到 C 盘),如图 2.5 所示。

图 2.5　下载地址

第六步,下载完成安装。在安装千牛软件时,可以选择"快速安装"与"自定义安装",如图 2.6 所示。根据实际情况选择即可。自定义安装可以选择自己想要的安装路径。

图 2.6　安装千牛

技能点 2　使用千牛软件

1. 简介

千牛工作台是在卖家版旺旺的基础上升级而来,具有强大的功能,熟练使用后可以为卖家提高工作效率。千牛工作台是每个卖家必须掌握的一项技能,学会用千牛软件,可以更高效的工作。

如果出现客服接单繁忙的情况,这时可巧用千牛自动回复、数字回复、关联回复,提升客服旺旺响应速度,从而提高成交率。在接待顾客时会遇到不同顾客问同一个问题的情况,这时就可以在千牛里设置快捷短语,减少客服的工作量。

2, 千牛工作台的设置

打开千牛软件,登上千牛账号(也就是淘宝账号),如图 2.7 所示,即可进入千牛工作台。下面主要讲解平时常用的界面及其设置、快捷短语的设置与使用、关联回复的设置方法。

图 2.7 登录千牛

（1）千牛常用界面与设置

①在千牛最常用到的有两个界面，一个是千牛首页界面，一个是聊天界面。

首页界面如图 2.8 所示，在这个界面可以查看店铺经营数据、头条信息、服务市场等信息；

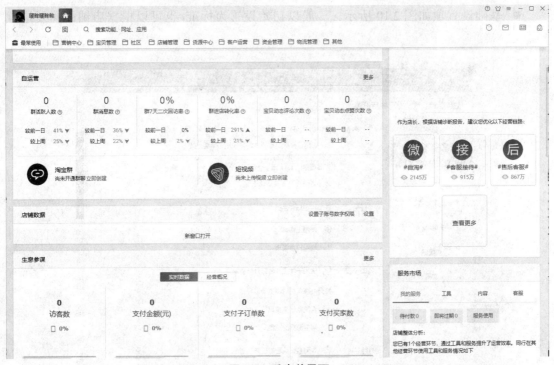

图 2.8 千牛首界面

聊天界面即顾客接待中心,如图 2.9 所示。在这个界面可以进行接待顾客与顾客进行沟通,并且可以对顾客进行分组,咨询未下单、最近联系等分组。

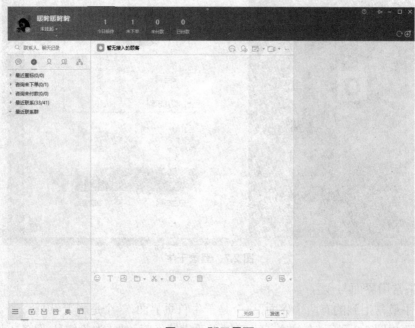

图 2.9　聊天界面

②千牛设置分为基础设置与接待设置

● 基础设置项如图 2.10 所示。一般以初始设置为标准,也可以根据店铺的需要进行修改。

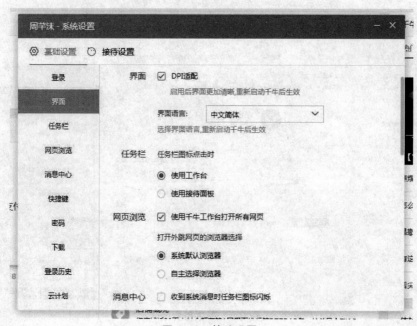

图 2.10　基础设置

● 接待设置项如图 2.11 所示。根据店铺情况对其中各项进行设置,其中主要设置项为个性签名与自动回复。

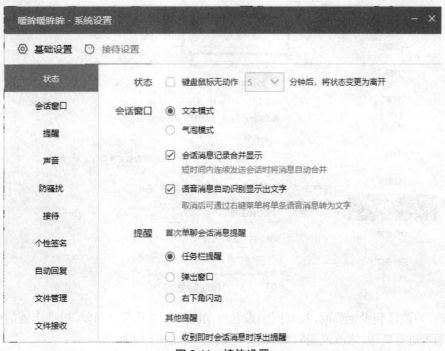

图 2.11　接待设置

个性签名是一个比较不错的推广资源,合理的利用个性签名,可以发布产品推广信息,发布的信息会展现给顾客,如图 2.12 所示。

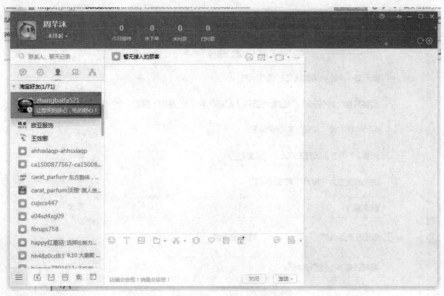

图 2.12　个性签名

自动回复设置,首先点击"自动回复"进入设置页面,如图 2.13 所示。

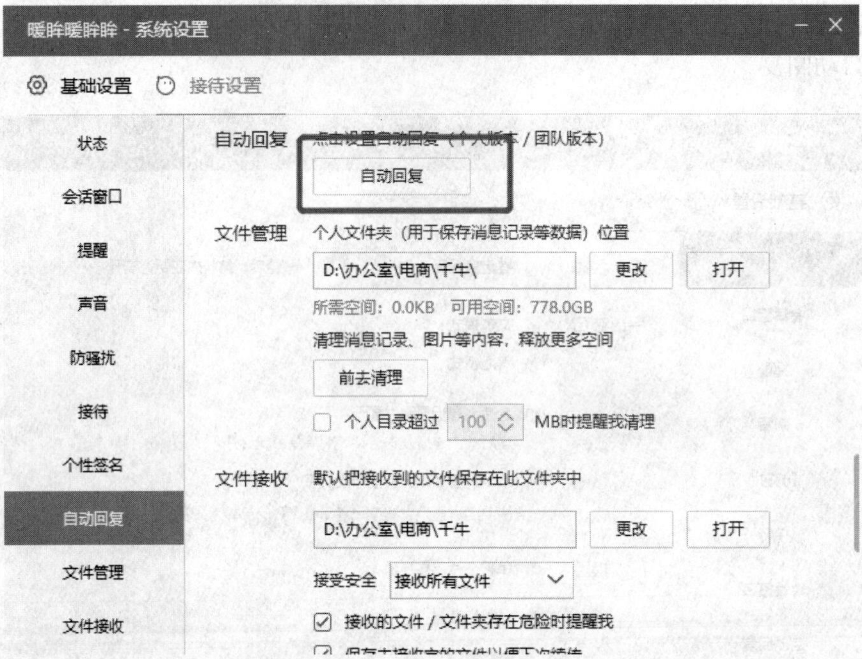

图 2.13 "自动回复"

点击之后跳转到设置页面，在页面中设置自动回复短语与自动回复，根据店铺的情况进行填写，后期可进行新增、修改或删除"自动回复短语"，如图 2.14 所示。

图 2.14 设置"自动回复"

（2）快捷短语的设置与使用

快捷短语可以使客服在与顾客的交流中快速的回答问题，可以给顾客留下客服回复速度快服务态度好的印象，间接促进店铺产品的销量。快捷短语的设置方法有三种，分为手机端设置、PC 端个人、PC 端团队，使用方法分为两种，分别为直接发送以及快捷键发送，下面分别讲解。

①设置方法

设置方法一（手机快捷短语），登录手机千牛，任意打开一个聊天对话框，如图 2.15 所示。点击输入框左侧按钮，跳转页面如图 2.16 所示，快捷短语分为历史、个人、团队。

图 2.15　聊天对话框

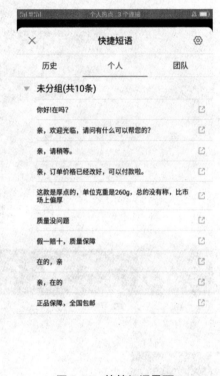

图 2.16　快捷短语界面

点击右上方"设置"按钮，跳转页面如图 2.17 所示。点击短语右上角"+" 即可添加新短语。

设置方法二（PC 端个人快捷短语），登录 PC 千牛，打开"接待中心"任找一个旺旺聊天对话框，点击左下角快捷短语，就会显示对应的快捷短语，如图 2.18 所示。在这里可以进行新建、导入、导出快捷短语操作。

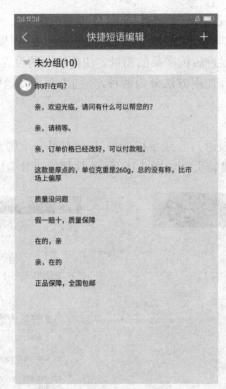

图 2.17　快捷短语编辑页面

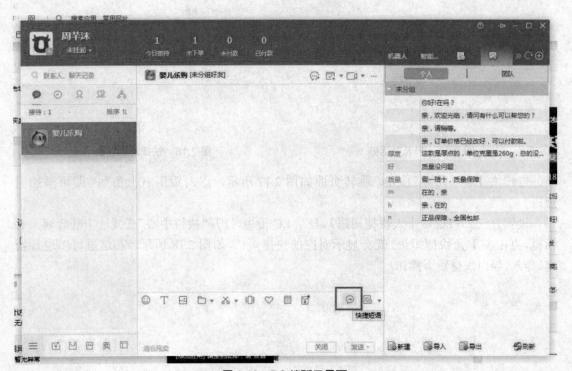

图 2.18　PC 端聊天界面

　　设置方法三（团队快捷短语），打开"接待中心"任找一个旺旺聊天对话框，点击左下角快捷短语，就会显示对应的"团队"快捷短语，如图 2.19 所示。可以点解左下角"新增快捷短语"。主账号设置好以后，团队子账号也可使用，当子账号较多，想规范使用快捷短语的统一标准时，也可用此方法共享。

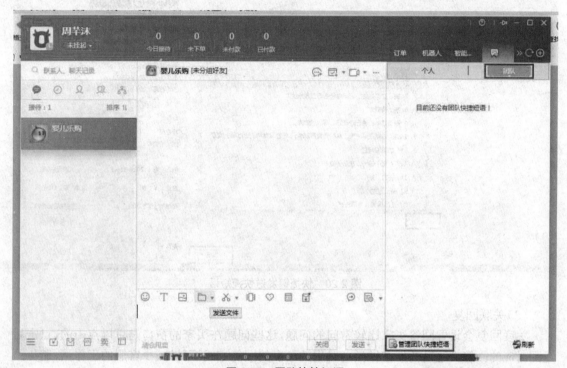

图 2.19　团队快捷短语

②使用方法

　　快捷短语使用方法一，登录千牛软件，打开接待中心与顾客聊天窗口，点击快捷短语，选中快捷短语，点击下方"发送"按钮即可。

　　快捷短语使用方法二，可以在聊天窗口输入"/"触发快捷短语搜索，选择想要发送的短语输入对应的快捷编码，点击回车键即可完成快捷短语发送，如图 2.20 所示。

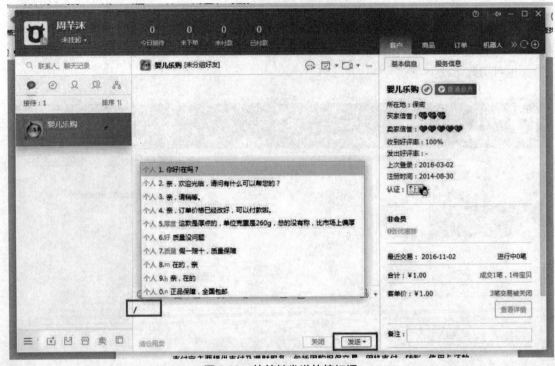

图 2.20　快捷键发送快捷短语

（3）关联回复

关联回复会设置回答买家比较常问的问题,这些问题在买家的窗口是可以点击的,点击后返回对应的回答。这是商家在做活动时用的最多的回复方式,可以减少客服的工作量,避免因接单多导致流失顾客现象,提高工作效率。下面讲解关联回复的设置方法。

打开"系统设置",有两种方式进入设置关联回复,方法一,通过工作台右上角打开,如图 2.21 所示。

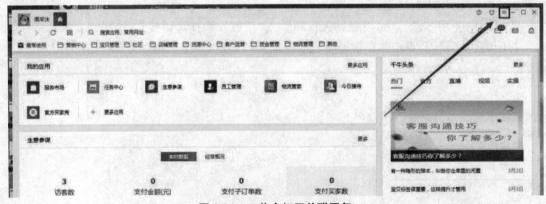

图 2.21　工作台打开关联回复

方法二,通过接待中心窗口左下角打开,如图 2.22 所示。

在跳转页面后点击"接待设置",之后选择"自动回复"中的"个性回复"进行设置,如图 2.23 所示。

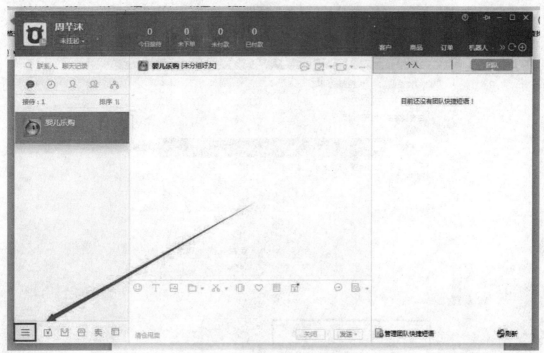

图 2.22   接待中心打开关联回复

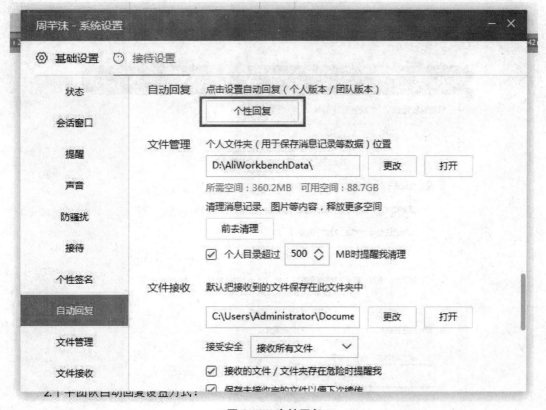

图 2.23   个性回复

在"自动回复短语"页面新建、修改、删除"自动回复短语",如图 2.24 所示。

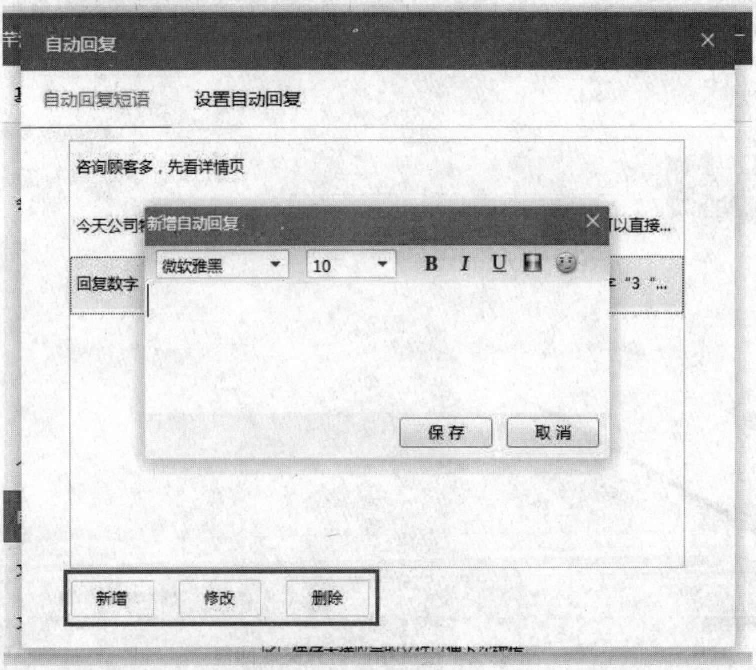

图 2.24　修改自动回复短语

点击"设置自动回复",选择"使用个人版本",在使用场景左侧勾选后,在场景下方空格内填写话术模板,如图 2.25 所示。最后设置"关联问题"数字自动回复。

图 2.25　设置自动回复

关联问题（数字自动回复）设置方式：在自动回复设置页面下方"关联问题"处点击"重新选择"，在跳转后的页面内点击"添加新的问题"（最多可添加 10 个问题），添加相应问题与回答，点击确定保存后可重新添加新的问题，设置完成后勾选相应问题，并点击"确定"。如图2.26 所示。

图 2.26 添加新问题

关闭窗口后，即可在自动回复设置中看到已经添加的关联问题，如图 2.27 所示。

图 2.27 聊天界面

技能点 3 设置淘宝子账号

1. 简介

子账号是主账号申请的附属账号,主账号可以对子账号的权限进行设置。一个店铺只有一个主账号,但可以有多个子账号。开店一般需要一个团队,其中分别负责美工、运营、客服等职务,这时要保证每个人在互不影响的情况下正常工作,就可以针对申请授予不同权限的子账号,来满足同时在线工作的需要。

子账号根据权限的不同,可以进行接单、店铺管理等工作。子账号创建成功后,可以用子账号名和创建的子账号密码登录千牛与顾客聊天。多个客服子账号在线的情况下,根据权重值的不同,会分到不一样多的顾客。

2. 设置淘宝子账号

设置淘宝子账号主要是为了使店铺工作人员更好的分工协作,使工作人员在各自的岗位上完成工作并进行相互交流。其设置主要分为部门管理、岗位管理、建立子账号、客服分流以及店铺亮灯五方面,下面分别进行讲解。

(1)部门管理

登录开店账号进入"卖家中心",在"店铺管理"界面下打开"子账号管理",在"员工管理"的"部门管理"项进行部门的设置,在这里能够进行新建部门、删除以及调整部门操作,如图2.28所示。

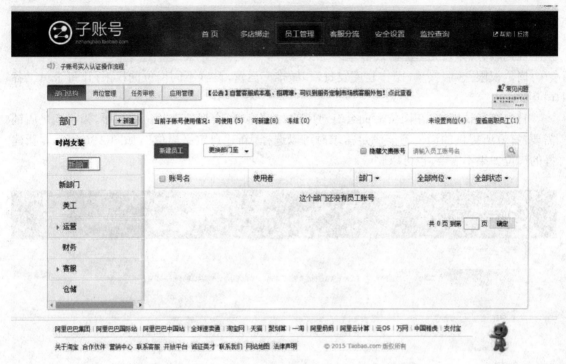

图 2.28 部门设置

在部门下可以设置部门负责人；新建子部门，子部门下依然可以再建立子部门；对子部门进行命名、移动、删除操作，建立好的部门方便对员工进行管理操作，如图 2.29 所示。

图 2.29 建立子部门

（2）岗位管理

岗位表示员工在商家的真实身份,身份确立后,员工登录千牛,服务市场等会根据岗位提供个性化服务,提升员工工作效率。

岗位权限:客服接单,操作仓库发货,和做推广运营,设置不同岗位的权限,让每个员工各司其职。

官方有默认岗位,在岗位后面会有对应的"官"字,每个岗位有相应的权限,为了满足店铺需要,官方所提供的岗位不能满足需求时可以选择"新建自定义岗位",如图 2.30 所示。新建好的岗位如果不需要,也可以删除。

图 2.30 新建岗位

新建岗位操作步骤如下:

第一步,点击"新建自定义岗位",选择分类,下拉菜单里面有原始的分类权限,可以任意选一个分类,后期的权限内容可以自主修改;对岗位进行命名(岗位名称不能超过 10 个字符);对岗位进行相应的备注,如图 2.31 所示。

第二步,保存岗位后才能修改权限。根据岗位的不同授予相应的权限,可对官方功能、千牛权限和应用服务权限进行修改,如图 2.32 所示。

要授予权限,就在对应的权限前打钩,选择完成后进行保存,如图 2.33 所示。

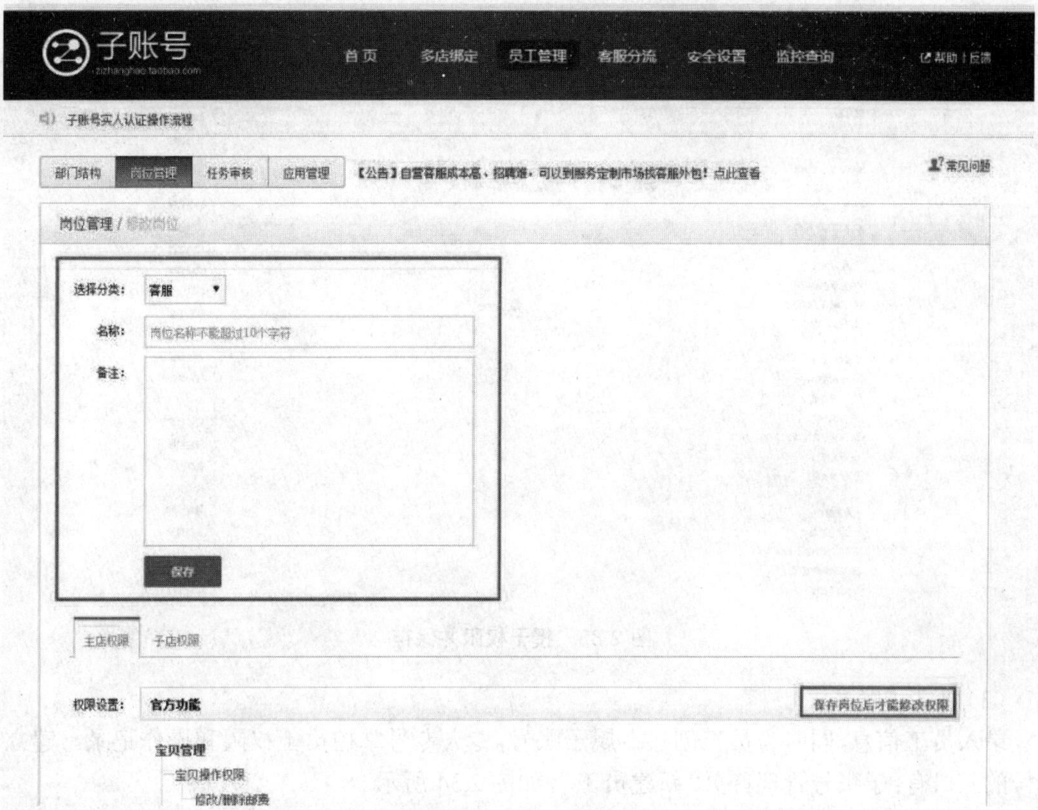

图 2.31　岗位分类、名称、备注

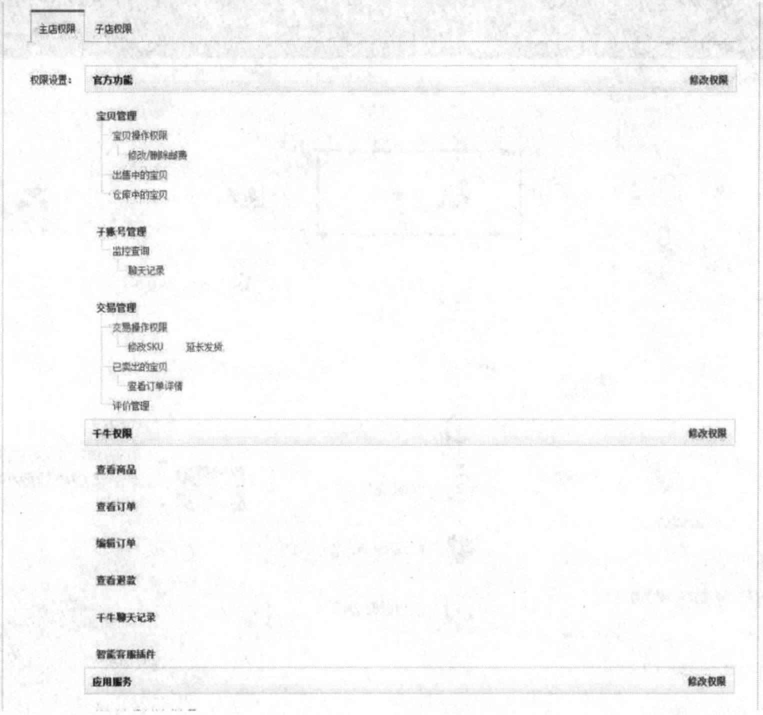

图 2.32　权限设置

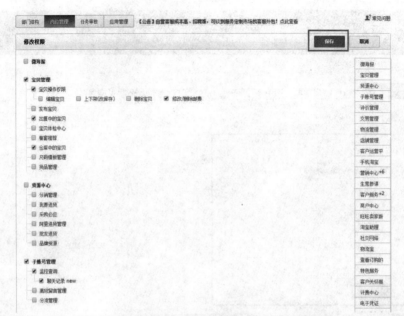

图 2.33　授予权限并保存

（3）建立子账号

录入员工信息，同时为员工创建专属子账号，专人专号掌控员工权限和操作记录。建立子账号的入口有：子账号管理首页"新建员工"，如图 2.34 所示。

图 2.34　管理首页

员工管理界面每个部门下都可以"新建员工",如图 2.35 所示。

图 2.35 新建员工

新建子账号分为以下三个步骤:

第一步,点击"新建员工",跳转页面如图 2.36 所示。

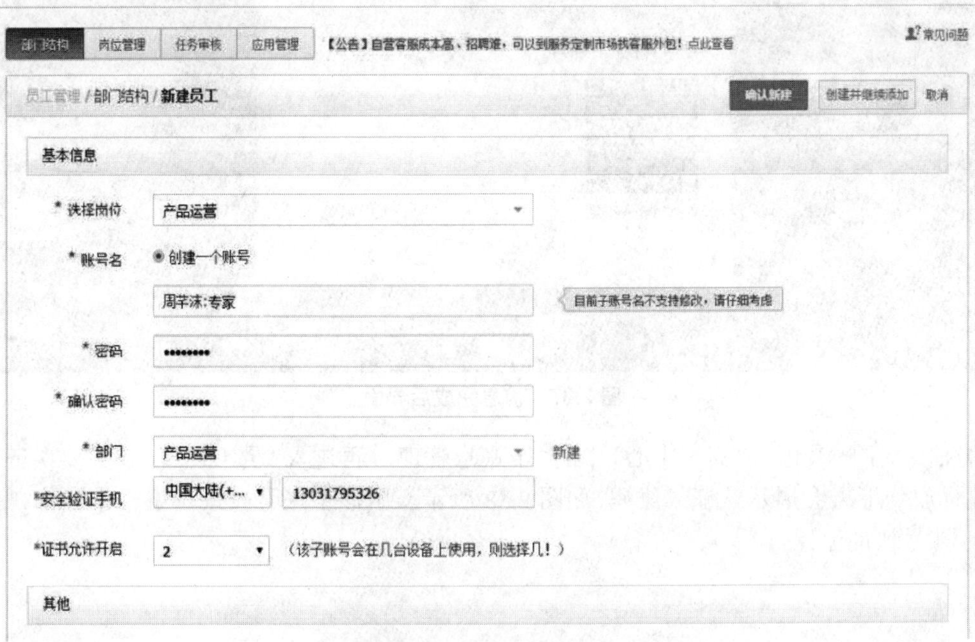

图 2.36 新建员工页面

选择岗位：为员工选择对应权限的岗位。

账号名：同个店铺内名字不能重复，目前子账号名不支持修改，建立好的子账号根据需求可以删除，重新建立新的子账号；子账号可以作为独立账号在千牛或网页上登录，登录时需要一个完整的子账号（子账号结构是主账号：新的子账号名）。

密码：就是子账号登录时的独立密码；选择对应的部门，也可以在这里选择"新建"。

绑定验证手机：该子账号会在几个设备上使用，则选择证书允许开启几个（如果该子账号在 PC 与手机上都登录，可选择 2，根据个人需要选择数量）

其他：根据个人需要进行填写（无 * 字符为非必填项）。

第二步，手机千牛扫描二维码进行认证，子账号创建成功后未认证的情况下，系统默认该账号为禁言状态，即消息发送后对方也无法接收。正常使用需要完成认证，认证方法有以下三种（在扫描时需要手机千牛先登录要认证的子账号）。

方法一，信息填写完成后点击"确认新建"，点击后页面会弹出以下提示，如图 2.37 所示。使用"手机千牛"扫描"二维码"进行身份认证，建议用"最新版手机千牛"。

注：此为示例二维码，不要扫描此码。

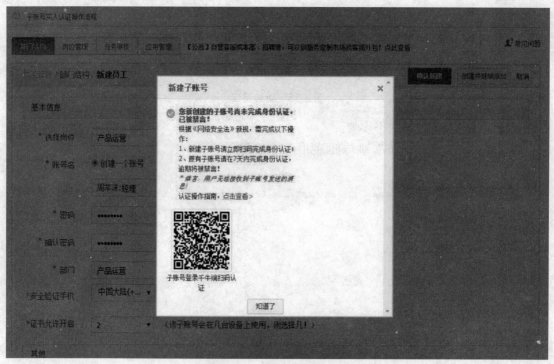

图 2.37　信息完成后界面

方法二，主账号进入"商家中心"中的"子账号管理"，再进入"员工管理"找到要认证子账号，鼠标放到下方会展示认证二维码，如图 2.38 所示。用该子账号登录手机千牛扫描二维码进入子账号认证流程。

图 2.38 员工管理页面

方法三,子账号登录"商家中心"中的"子账号个人信息管理"再进入"身份认证"扫描对应二维码,如图 2.39 所示。

图 2.39 身份认证

扫描二维码后,跳转页面至身份认证,如图 2.40 所示。

进入身份认证流程提交认证资料,等待审核,同一店铺内,同一身份证只能使用一次。点击"开始认证",选择对应岗位,可点击岗位名称来选择岗位,如图 2.41 所示。

图 2.40　身份认证页面

图 2.41　选择岗位

　　岗位选择之后,点击"确定",随后点击"下一步"会跳转至绑定手机页面,如图 2.42 所示。同一个手机号码或者身份证在同一个店铺只能认证一个子账号。

图 2.42 绑定手机

在绑定手机号之后，需要再进行身份证认证，填写身份证号后六位，如图 2.43 所示。输入后点击下一步，即可完成身份认证，如图 2.44 所示。

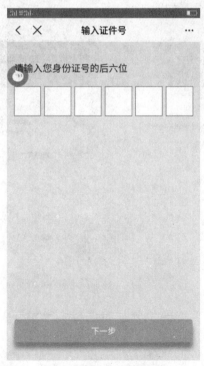

图 2.43 输入证件号图

图 2.44 认证成功

认证成功之后在子账号部门结构下,会显示认证通过,如图 2.45 所示。

图 2.45　认证通过

第三步,对子账号授权,根据子账号的需要,授予相应权限,授权分为对账号授权与对岗位授权两种方法,下面分别介绍。

方法一,账号授权。从淘宝卖家中心进入"子账号管理"中的"员工管理"页面,找到需要授权的子账号,把鼠标放在该子账号上,会有"修改权限",如图 2.46 所示。

图 2.46　修改权限

千牛端操作授权路径：在"子账号管理"—"员工管理"—"修改权限"中进入授权页面，点击"千牛权限"右方的"修改权限"，如图 2.47 所示。

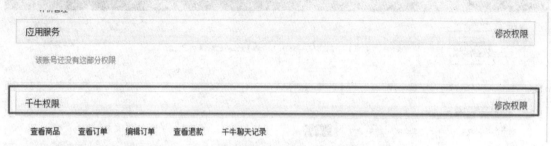

图 2.47　千牛端

跳转到修改权限页面，点击"官方功能"右方的"修改权限"，如图 2.48 所示。找到需要授权的权限打钩，点击右上角的"保存"就可以了。

图 2.48　修改权限页面

方法二，岗位授权。岗位授权参照上面的岗位管理内容。设置完成后把员工放在这个岗位上，这时子账号就会有相应岗位的权限。此方法适合批量授权相同权限的子账号，如图 2.49 所示。

图 2.49　岗位授权

（4）客服分流

分流就是用几条支路来分担主干路的压力，客服分流即客户在询问淘宝主账号问题时，淘宝会自动把客户分配给子账号。客服分流设置分为小店铺与大店铺，下面分别进行讲解。

①小店铺的分流设置，不需要区分售前售后，操作分为以下三步：

第一步，进行分组。进入"子账号后台"中的"客服分流"，再进入"分组设置"点击"添加分组"，如图 2.50 所示。

图 2.50　添加分组

在跳转页面，按照流程提示填写分组名称，如图 2.51 所示。

图 2.51　填写分组名称

添加客服,把需要分流的子账号添加到该分组中,在子账号前面打"√"即可,如图 2.52 所示。

图 2.52　添加客服

店铺亮灯,根据店铺实际情况选择是否显示店铺亮灯,如图 2.53 所示。

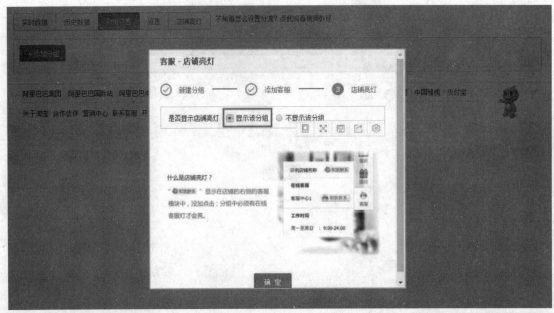

图 2.53　店铺亮灯

此时添加到分组的子账号就参与了分流,如图 2.54 所示。如果主账号需要参与分流,也要添加到客服分组中。

图 2.54　客服分组

第二步,开启手机分流。开启手机分流后,参与分流的账号登录千牛手机端后,也可正常接待客户。进入"子账号后台"—"客服分流"——"设置",在"开启手机分流"项前面打"√",点击"保存"即完成手机分流,如图 2.55 所示。

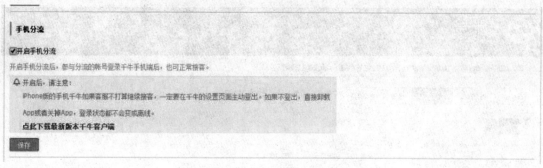

图 2.55 手机分流

第三步,按店铺需要开启离线分流。开启离线分流后,买家给离线且参与分流的账号发消息时,会自动转发给当前在线且参与分流的帐号。进入"子账号后台"—"客服分流"—"设置",在"开启离线分流"项前面打"√",点击"保存"即可,如图 2.56 所示。

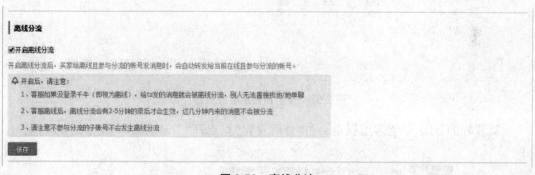

图 2.56 离线分流

②大店铺的分流设置,把客服分为售前客服与售后客服,操作分为以下四步:

第一步,进行分组。在"分组设置"中点击"添加分组",新建两个客服分组,分别为售前客服与售后客服,按照流程提示填写分组名称,把需要分流的子账号添加到该分组中(一个账号只能被分到一个分组里),根据提示选择是否页面亮灯,设置好就有两个分组了,如图 2.57 所示。

图 2.57　售前和售后客服分组

对设置好的分组，设置客服权重。在"分组设置"里点开"管理客服"，如图 2.58 所示。

图 2.58　管理客服

跳转至管理页面，对客服进行权重设置，客服"权重值"越大，分到的客户就会越多，如图 2.59 所示。

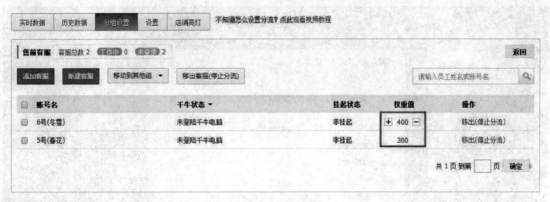

图 2.59 设置权重

第二步，绑定订单状态。对"分组设置"下的"绑定订单状态"进行"修改"，如图 2.60 所示。

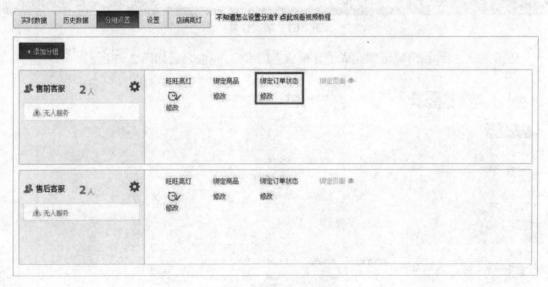

图 2.60 修改订单状态

给不同的分组分别绑定不同状态的订单，在订单前面打"√"即可，如图 2.62 所示。

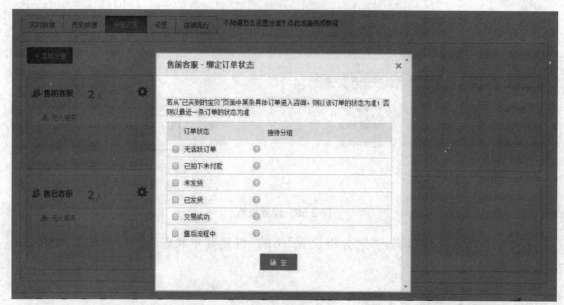

图 2.61　绑定订单

选择完成之后,点击确定即完成了订单状态的绑定,完成之后如图 2.62 所示。

图 2.62　完成绑定订单状态

第三步,绑定商品。将某个商品绑定到某个客服分组,这样就会把从这个商品进来的买家分配给这个分组客服,从而可以更精细的接待顾客。对"分组设置"下的"绑定商品"进行"修改",如图 2.63 所示。

图 2.63　修改绑定商品

添加需要绑定的商品,点击"完成"即可完成商品分组绑定,如图 2.64 所示。

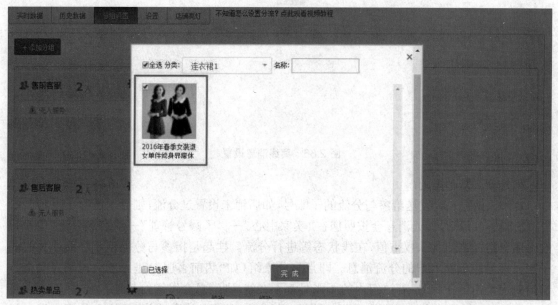

图 2.64　选择商品

第四步,开启服务助手。客服休息期间,所有离线消息将由店铺服务助手统一接收(如已设置代理账号,会自动失效),可以使用 离线消息一键分流,先选择"接待模式",如图 2.65 所示。

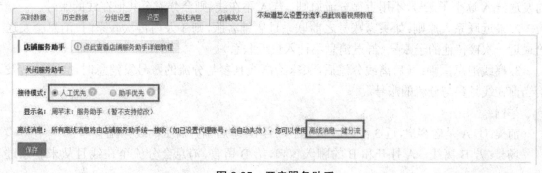

图 2.65　开启服务助手

再进行"离线消息"设置,如图 2.66 所示。

图 2.66　离线消息设置

账号分流基础规则：

1. 聊天消息只会发送给参与分流的子账号，如店铺未设置过分流，则会发送给主账号。

2. 设置分流后，聊天消息会按照您在"卖家中心"—"子账号管理"—"客服分流"中设置的客服分组、绑定页面、权重值、在线状态等进行分流。挂起是指参与分流但不在线或挂起的子账号不会收到新客户的分流消息。即点击分流组（如"售前客服"）进入的买家消息只会发送给对应组内的子账号；若该组内的子账号都不在线，则消息会发送给其他在线的子账号，若均不在线，则会发送给代理账号或服务助手；通过某一页面（如店铺首页）进入的买家消息只会发送给绑定了该页面的子账号；若未设置绑定页面，则会按照正常分组进行分流；聊天消息会优先分配给权重值较高的子账号。

账号分流特殊场景：

1. 指定客服原则：买家在千牛聊天窗口中直接输入子账号名称 A，若 A 在线，则消息会定向发送给 A 这个子账号，不用遵循分流原则；若 A 不在线，则会分流至其他在线的账号。

2. 最近联系人原则：如买家账号之前联系过店铺客服，则 3 天内再次联系时，消息会发送给最近一次接待他的子账号（群发消息不计入最近联系）。

3. 离线消息原则：开启离线分流后，买家给离线且参与分流的账号发消息时，会自动转发给当前在线且参与分流的账号。

举例：

前提：① A 是老客户，近 3 天内联系过子账号 B；② 店铺开启了离线分流

场景：若 B 离线，A 打开和 B 的聊天窗口，给 B 留言，消息会分流至在线且从未联系过的 C；

若 B 挂起，A 是 24 小时内联系过 B 时，会分流至 B；A 是 24~72 小时内联系过 B 时，会分流至在线且从未联系过的 C。

店铺亮灯

（1）简介

店铺亮灯是客服上线之后在淘宝界面就会显示客服在线状态的功能。店铺中任何一个子账号登录千牛后，店铺都会亮灯；店铺如果没有设置子账号，主账号只要登录上线千牛，店铺就会有亮灯。

（2）操作步骤

店铺设置了相应的分组后，要对分组进行亮灯，做以下操作：

在"子账号"—"客服分流"—"店铺亮灯"内进行"修改亮灯"设置，如图 2.67 所示。

图 2.67　设置店铺亮灯

设置亮灯后展现效果，如图 2.68 所示。

图 2.68　客服亮灯显示

想要在淘宝界面展现更多亮灯,在显示下进行打"√"并且保存设置即可,如图 2.69 所示。

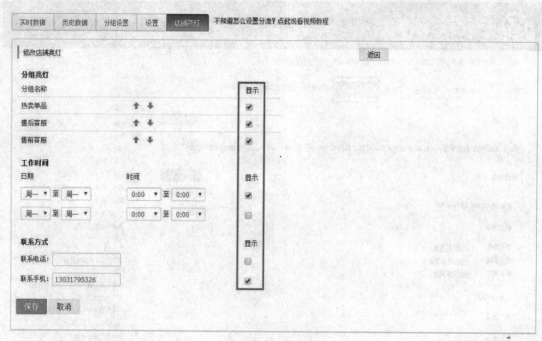

图 2.69　设置亮灯

任务总结

本项目主要介绍了淘宝子账号的设置,通过本项目的学习可以了解淘宝子账号的功能,分别以各个功能的设置步骤以及设置方法来熟悉淘宝子账号的功能,以具体步骤形式掌握淘宝子账号的作用,学习之后可以利用淘宝子账号来规范员工的工作内容。

工作	job	显示	reveal
安装	install	效果	result
使用	employ	规则	rule
建立	establish	账号	account

一、选择题

1. 岗位权限不可以修改( )。

A. 官方功能   B. 千牛权限

C. 应用服务权限   D. 回复权限

2. 部门管理中不可以进行( )操作。

A. 新建   B. 删除

C. 调整   D. 查找

3. 子账号完成二维码认证有( )种方法。

A.1   B.2

C.3   D.4

4. 离线分流必须开启( )。

A. 是   B. 不是

5. 手机分流在( )设置。

A. 千牛平台   B. 子账号后台

第三章　店铺装修

本章节通过设置店铺装修效果,了解店铺装修的基本方法,熟悉使用 Dreamweaver 添加链接,掌握利用码工助手编写页面代码,具有装修店铺的能力,在任务实现过程中:

- 了解店铺装修的基本方法。
- 熟悉使用 Dreamweaver 添加链接。
- 掌握利用码工助手编写页面代码。
- 具有装修店铺的能力。

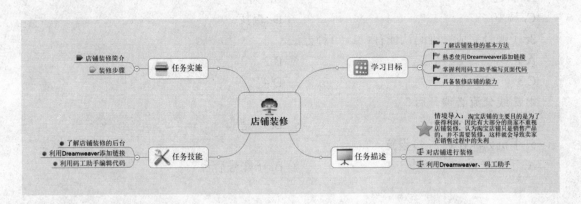

【情境导入】

开设淘宝店铺的主要目的是为了获得利润,但有大部分的商家并不重视店铺装修,认为淘宝店铺只是销售产品的,并不需要装修,这样就会导致卖家在销售过程中的失利。因此,在店铺运营过程中,需要了解店铺装修的重要性以及方法,这样才能创造出精美的店铺,从而吸引顾客。本章节主要通过实现店铺装修后台、利用 Dreamweaver 添加链接、利用码工助手制作轮播图等知识点的介绍,学习如何对店铺进行装修,使店铺吸引顾客。

技能点 1　了解店铺装修后台

　　淘宝火了这么多年,每个商家都想拥有一个自己的淘宝店铺,虽然天天淘宝购物,但是如何开好一个淘宝店铺,常常是困扰卖家的一个难题。产品价格低廉,售卖态度良好等都是提升购买率的要素,同时商品的展现风格形式也直观的影响着人们的购买欲望。

1. 简介

　　店铺装修就是把商家和商品的信息通过图片的形式展现出来,使一张又一张的图片在统一的风格下形成一个内容丰富的页面。买家通过网店页面来获得店铺信息、产品样式、产品卖点等相关内容。

　　一个装修精良的店铺形象可以大大提高产品的可信度,同时能够给顾客一个良好印象,也能够更好的烘托出其商品的价值,从而提高销量,获得更多利益。那么当淘宝店铺注册后,如何把它装修的美观大方,更容易吸引顾客?接下来我们先一起熟悉一下如何进入装修界面。

2. 店铺后台的进入

　　第一步,登录淘宝账号,如图 3.1 所示,输入会员名(或邮箱、手机号)以及密码。

图 3.1 淘宝网登入界面

第二步,登入后台,点击"卖家中心",如图 3.2 所示。

图 3.2　卖家中心

第三步,店铺所有有关项目都可以通过最左侧的选项进行编辑。点击"店铺管理"中的"店铺装修",跳转到淘宝旺铺界面,如图 3.3 所示。

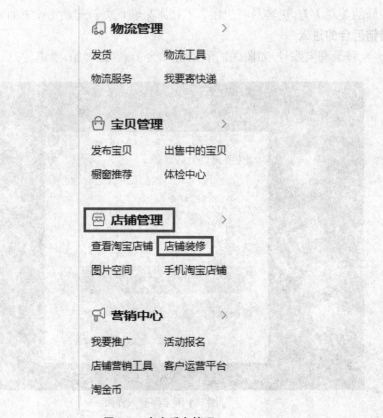

图 3.3　卖家后台管理

如图 3.4 所示,淘宝旺铺界面分手机端和 PC 端(电脑端)两个部分。过去对店铺装修基本停留在装修 PC 端阶段,现如今, 80%以上的流量来自手机端,店铺也越来越多的把精力放在手机端的推广上。

图 3.4　淘宝店铺界面

3. 装修方法

在店铺的装修过程中分别介绍 PC 端装修和手机端装修两项内容。

(1)PC 端装修

PC 端是顾客浏览电商平台,查看商品的主要展现手段,是卖家装修不可缺少的一部分。

(2)PC 端的装修界面

首先我们先来看一下 PC 页面的相关内容,如图 3.5 所示,选择页面上方黑色 PC 端字样,进入到 PC 端编辑后台。

图 3.5　PC 端界面选择

跳转后将鼠标移至首页区域后会出现"装修页面",点击并进入即可。进入首页装修页面大致分为模块选择区域、页头区域、内容页面编辑区、页尾区域,如图 3.6 所示。

图 3.6　首页装修页面

在装修页面过程中所需要的选项,都可以通过左侧模块选择区域针对性的拖放,删除不需要的效果。每项内容都有自身独特的功能。接下来观察一下常用的内容:模块、配色、页头和页面,如图 3.7 所示。

图 3.7　基础模块的选择

①"模块"的使用

"模块"区域中的各项板块都可以选中后拖动鼠标至内容编辑区。以"图片轮播"为例,如图 3.8 所示。放置后内容区域都需要我们选择左上方的"编辑"进行装修。

图 3.8　图片轮播的修改位置

进入编辑状态会弹出新对话框,如图 3.9 所示。有关于"图片轮播"各项内容都可以根据实际情况逐一进行输入和选择填充,设置完成点击"保存"即可。

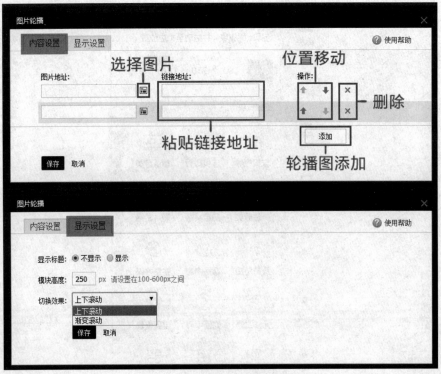

图 3.9　图片轮播的设置

其他各模块也是类似的方式来进行编辑：

● 拖放需要模块至内容编辑区。

● 点击模块右上方"编辑"按钮跳转至编辑界面。

● 根据提示文字进行具体内容上传与填充。

● 有图片大小或图片尺寸要求的要注意附着的灰色文字提示。

● 保存完成编辑后，也可利用右上方的上下箭头进行模块位置调整，或者利用删除按钮删除模块。

②"配色"的使用

"配色"区域中的各项板块共 24 种，如图 3.10。涵盖了红、橙、黄、绿、青、蓝和紫不同色相饱和的多种色彩。

图 3.10　页面色相的选择

　　点击鼠标即可选择店铺所需的各种颜色，系统会自动替换页面编辑区的各个模块色彩，如图 3.11 所示。

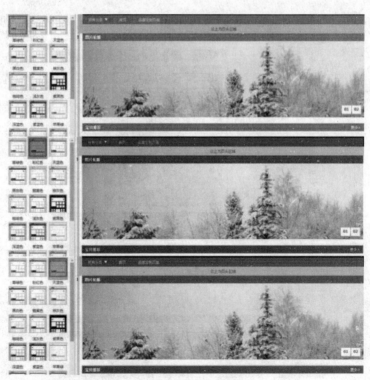

图 3.11　店铺颜色的选择应用

③"页头"的使用

"页头"区域中可以更改页头颜色或者页头背景图片。页头区域如图 3.12 所示。

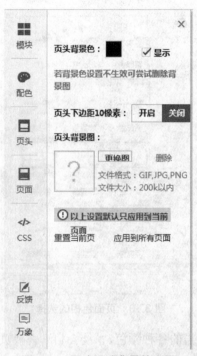

图 3.12　页头区域背景的设置

如图 3.13 中所示,"页头背景色"选择为 #F4E827,店铺页头区域即显示为所选颜色。

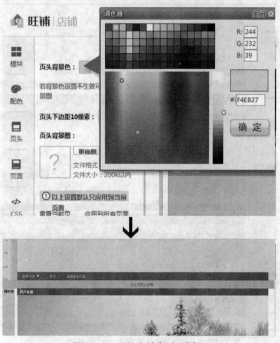

图 3.13　页头的颜色选择

如果想在页头区域设计精美的图片背景可以点击"更换图"，然后选择所需的图片，点击打开之后效果见图 3.14 所示。

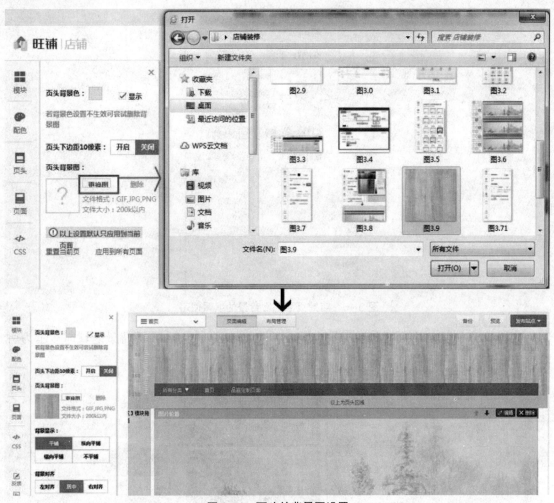

图 3.14　页头的背景图设置

④　"页面"的使用

"页面"区域中可以更改颜色或者背景图片，更改的方式与"页头"相似，分别看一下更改后的效果，页面区域如图 3.15 所示。

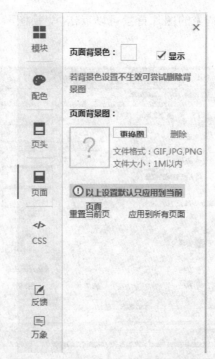

图 3.15　店铺页面区域背景的编辑使用

如图 3.16 所示,"页面背景色"选择为 #1D96D4,点击确定后,页面背景区域即显示为所选蓝色。

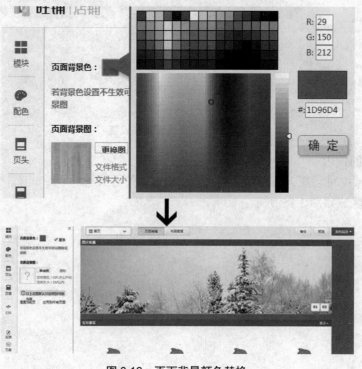

图 3.16　页面背景颜色替换

当页面背景需要设置为图片背景时，可从"更换图"中进行编辑，选择电脑中的图片进行更换，效果如图 3.17 所示。

图 3.17　页面背景图片替换

（2）手机端装修

近年来，各类 APP 的使用已经成为了人们获取信息的主要途径之一，其中移动端网购的占比率也逐步超越了 PC 端。人们不会无时无刻抱着电脑到处去，但是却同手机形影不离，手机的便利性，决定了我们对手机端店铺装修的重视程度需要大大提高。

①手机端的装修界面

我们再来看一下手机端页面的相关内容，如图 3.18 所示。选择页面上方黑色手机端字样，跳转后将鼠标移至手机店铺首页区域后会出现"装修页面"，点击并进入即可。

图 3.18　手机端界面

　　进入手机端首页装修页面大致分为如下区域,如图 3.19 所示。

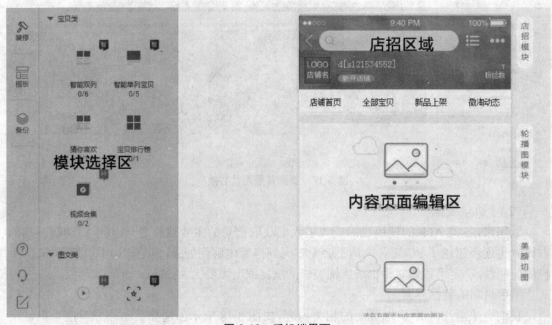

图 3.19　手机端界面

　　② 手机端模块的基本编辑方法

　　首先来了解一下手机店铺店招的编辑区域。如图 3.20 所示,将鼠标放置红色店招区域点击即可出现右侧店招的编辑模板,点击红框中的"修改"或"更换 LOGO"会弹出新的对话框。

图 3.20　手机端的店招编辑

跳转到图 3.21 所示的店铺基本信息页面,只需要填充好对应内容保存后便可编辑完成。

店铺背景图可以选择官方推荐,也可自行设计制作,选择自定义上传,通过图片空间选择想要的图片进行保存,便可以替换为背景图,如图 3.22 所示。

内容编辑的区域与 PC 端类似,可以通过左侧模块拖取所需内容至编辑区域,不同的是编辑区域不会重新出现对话框,而是出现在页面的右侧,如图 3.23 所示,只需根据提示完成保存即可。

| 淘宝店铺 | 手机淘宝店铺 |

重要：开店必知！快速成交！

💡 您填写的信息将在店铺前台展示给买家，请认真填写！

常见问题 其他问题　　×

· 店铺名被占用怎么办？

· 如何设置店铺经营类目？

基础信息

· 店铺所在地怎么更改？

*店铺名称：　d[s121534552]

· 宝贝所在地怎么更改？

店铺标志：

· 如何报名参加中国质造

LOGO
店铺名

上传图标　　💡 文件格式GIF、JPG、JPEG、PNG文件大小80K以内，建议尺寸80PX*80PX

店铺简介：　淘便宜淘实惠淘新颖

详细说明

💡 店铺简介会加入到店铺索引中！

[NEW] *经营地址：　请选择省/直辖市 ▼

请输入联系地址

*主要货源：　⦿ 线下批发市场　○ 实体店拿货　○ 阿里巴巴批发　○ 分销/代销

○ 自己生产　○ 代工生产　○ 自由公司渠道　○ 货源还未确定

*店铺介绍：　| 大小 ▾ | 字体　　　▾ | **B** _I_ U A | ▦▾ | ◇▾ | ≡ ≡ ≡ ≡

≡ ≡ ≡ | 🖨 ◇ | ↶ ↷ | ▭ | 🚫

店铺介绍内容不得小于10字,且不得多于25000字！

☐ 我声明，此页面所填写内容均真实有效，特别是经营地址为店铺最新可联系到的地址，同时可以作为行政机关和司法机关送达法律文件的地址。如果上述地址信息有误，愿意承担由此带来的平台处罚（处罚细则）、行政监管和司法诉讼风险。

保存

图 3.21　店铺的内容设置

图 3.22　店招自定义图片的设置方法

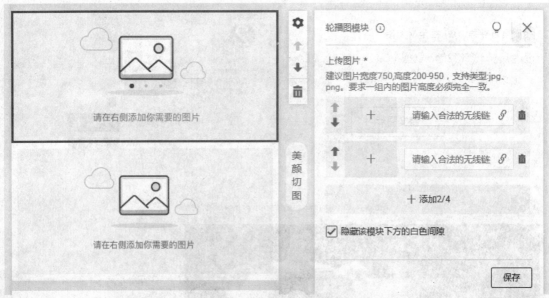

图 3.23　全屏轮播的编辑界面

技能点 2　利用 Dreamweaver 添加链接

　　装修店铺中需要利用系统模板来对店铺页面进行编辑,经过精心设计的页面通常需要自定义模块来完成具体的展现。既然是网页就少不了页面之间的相互跳转:从首页当中选择喜欢的商品进入宝贝详情页、点击进入一个专题活动的页面、选择想要购买的分类商品,这些信息的获取都不可缺少的要为页面当中的内容添加链接。因此在装修过程中,还要掌握为商品添加链接的技能。其中最常见的添加方式就是通过 Dreamweaver 添加热点区域再附着对应的链接地址。

1. 简介

　　Adobe Dreamweaver 简称 "DW"。它是将网页制作和管理网站集于一身的网页编辑器,同时能够实现所见即所得的效果。DW 是一套针对专业网页设计师特有需求而研制的视觉化网页开发工具,使用 DW 可以制作出跨越平台以及浏览器限制的网页。Adobe Dreamweaver 还可以实现 HTML(标准通用标记语言)编辑的功能。

　　在网店装修的过程中运用 Dreamweaver 添加链接的方式可以适用于任何页面。

　　接下来我们一起学习使用 Dreamweaver 添加链接的方法。

2. 添加链接过程

(1)新建 HTML 文件

第一步,打开 Dreamweaver 软件,选择新建 HTML 文件,如图 3.24 所示。

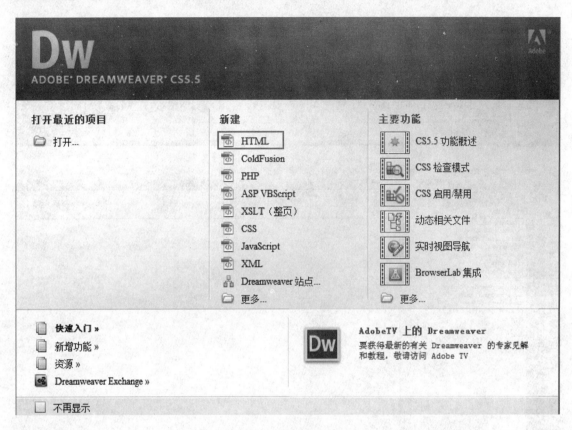

图 3.24　新建 HTML 文件

　　第二步,软件打开后呈现出如图 3.25 所示的样式,此时只显示代码,不利于进行下一步编辑。

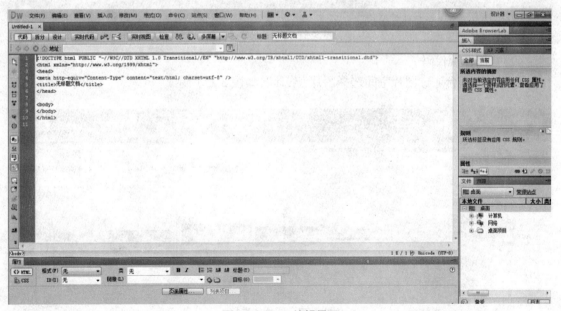

图 3.25　DW 编辑界面

　　我们需要进行视觉编辑的修改,选择第二项拆分。拆分后的界面既可以利用代码来编辑网页,同时还可以直观的通过右侧设计栏观察到图像的变化,如图 3.26 所示。

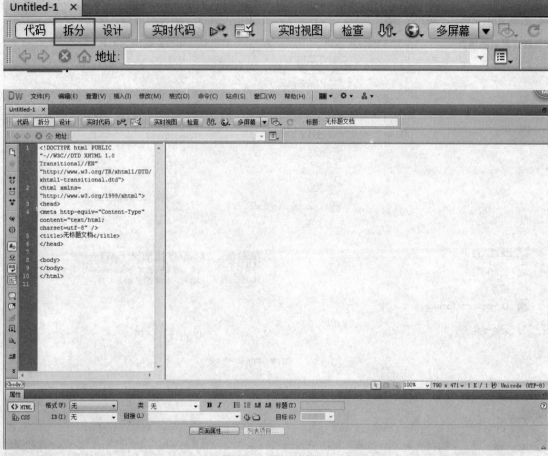

图 3.26　界面的拆分

（2）复制图片代码

　　回到淘宝后台通过图片空间选择图片"茶具",如图 3.27 所示。

图 3.27　图片的选择

　　将鼠标移动至该图片下方,默认出现的复制链接地址和图片代码,我们选择 <i>,将图片代码选中并复制备用,如图 3.28、3.29 所示。

图 3.28　图片的代码选择

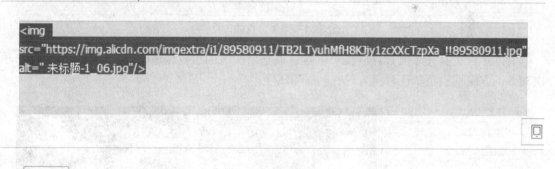

图 3.29　复制图片代码

（3）编辑 HTML 文件

　　回到 Dreamweaver 中,在代码栏内将淘宝中"茶具"的图片代码粘贴到 <body> 与 </body> 之间,如图 3.30 所示。会发现虽然只粘贴了代码,但是通过拆分后的设计栏里也出现了刚才我们所选择的图片。

图 3.30　粘贴图片代码到 DW 文件

　　观察现有 Dreamweaver 界面如图 3.31 所示,下方会呈现属性面板,图中方框区域内工具可分别创建矩形热点区域、圆形热点区域和多边形热点区域,和针对热点区域进行的编辑移动。

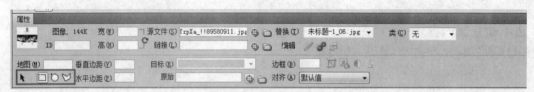

图 3.31　添加热点的工具

　　利用热点工具在右侧设计区便可以规划调整出所需的热点区域,如图 3.32 所示。同时再次观察下方属性已经默认替换为现有热点的属性。

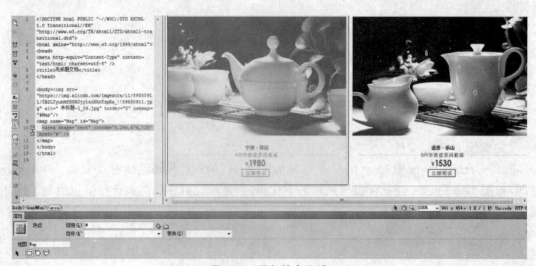

图 3.32　添加热点区域

观察属性内容如图 3.33 所示。还需要设置链接栏和目标栏。链接栏中"#"键指针对该 Dreamweaver 文件内所链接的地址,不符合添加电商平台链接地址的要求,因此在复制网站链接时一定注意删除"#"号键,以免后续无法跳转到对应地址。

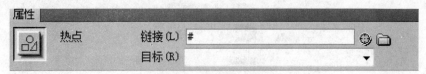

图 3.33 热点的编辑

点击"目标"下拉箭头,会发现出现几类选项,一般选择"_new"或"_blank"在新的页面中打开,如图 3.34 所示。

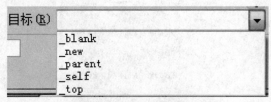

图 3.34 新窗口的打开方式

如图 3.35 所示,链接和目标设置好,我们在 DW 中的编辑内容便完成了。

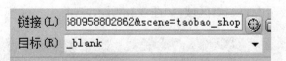

图 3.35 热点编辑完成

最后,回到左侧代码栏将 <body> 与 </body> 之间内容重新复制好,并回到淘宝平台装修区域再次编辑,如图 3.36 所示。

```
<body><img src=
"https://img.alicdn.com/imgextra/i1/8958091
1/TB2LTyuhMfH8KJjy1zcXXcTzpXa_!!89580911.jp
g" alt=" 未标题-1_06.jpg" border="0" usemap=
"#Map"/>
<map name="Map" id="Map">
  <area shape="rect" coords="0,302,468,731"
 href=
"https://detail.tmall.com/item.htm?spm=a1z1
0.4-b-s.w5003-17869270470.15.22bd12ecD689Xc
&amp;id=35447742752&amp;rn=1e1daceb22c335f1
23a1ea66468a8dcc&amp;abbucket=11&amp;skuId=
3680958802862&amp;scene=taobao_shop" target
="_blank" />
</map>
</body>
</html>
```

图 3.36 复制编辑好的代码

（4）自定义模块的编辑使用

打开淘宝后台，点击 PC 端首页装修。找到自定义模块，如图 3.37 所示。

图 3.37　自定义模块的选择

将自定义模块拖放至内容编辑区域，如图 3.38 所示，选择自定义模块的右上方编辑按钮。

图 3.38　自定义模块的编辑

进入编辑界面后，上方会出现很多按钮，需要找到 < > 源码按钮，如图 3.39 所示。

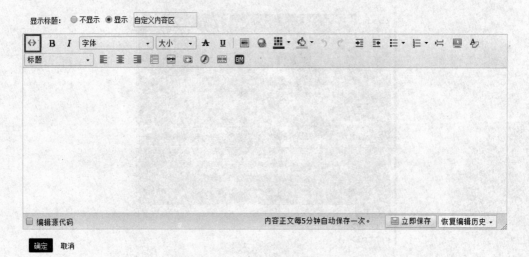

图 3.39　源码位置

　　将 Dreamweaver 编辑好的代码复制到源码空白区域内，点击立即保存，即完成此内容的编辑，如图 3.40 所示。

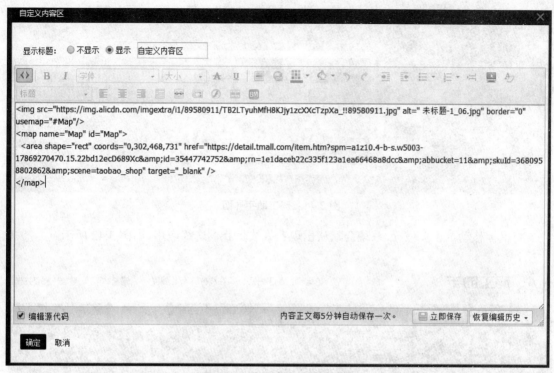

图 3.40　代码内容的粘贴完成

技能点 3　利用码工助手编辑页面代码

1. 简介

　　在店铺装修的编辑过程中，设计的页面受平台限制（淘宝、天猫等），在不购买模板的情况下无法实现全屏的展现。遇到这种情况也可以借助于第三方网站，来完成全屏的整体装修。码工助手就是其中常用的编辑网站之一。

　　另外，码工助手相较于 Dreamweaver 也具有编辑便捷的优势。当然有优势也有弊端，不是所有电商平台都可以借助码工助手来完成页面的装修，如：苏宁、一号店等就无法使用该方式。

2. 码工助手界面

　　打开任一浏览器，在地址栏输入网址：http://old.001daima.com。即可进入码工助手首页界面，如图 3.41 所示。

图 3.41　码工助手界面

将鼠标移动至首页位置,系统会默认出现各板块供我们选择应用,如图 3.42 所示。

图 3.42　模块的展现

进入不同内容的编辑页面会出现各种选框。接下来以其中最常用的全屏轮播为例进行具体的演示学习。

3. 全屏轮播

(1)轮播类型设置

店铺类型根据实际装修的店铺类型进行选择。轮播风格选择点击下拉箭头会出现三种形式:圆形按钮风格、方形按钮风格和缩略图风格,如图 3.43 所示。板块间隙根据实际页面内容进行选择即可。

图 3.43　轮播图类型设置

（2）轮播图设置

打开电商后台的图片空间，选择要上传的图片，鼠标滑过时选择复制链接按钮，如图 3.44 所示。

图 3.44　图片的地址位置

将链接全选复制备用，如图 3.45 所示。

请手动复制内容 ✕

手动复制说明：全选→ctrl+C复制→ctrl+V粘贴

https://img.alicdn.com/imgextra/i1/89580911/TB2xTAWhv6H8KjSspmXXb2WXXa_!!89580911.jpg

取消

图 3.45　复制图片地址

回到码工助手，将图片地址粘贴到图片地址1，链接地址复制要跳转的网址，如图3.46所示。

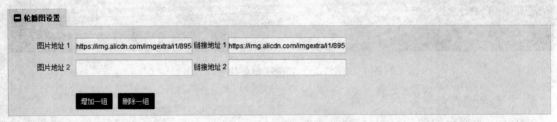

图 3.46　轮播图设置

注意：除图片地址与链接地址外，还有添加一组和删除一组的选项，默认效果为2组，我们可以继续添加或删除，直到达到你想要的效果。编辑方式与前两组完全相同。

（3）轮播参数设置

轮播图高度尽量保持在能够展现的一屏之内，轮播图宽度全屏为1920像素。窗口选择新窗口，如图3.47所示。

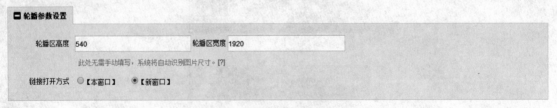

图 3.47　轮播参数设置

（4）动画效果设置

轮播图展现的方式与时间在该项中进行具体编辑，如图3.48所示。

（5）代码的获取

所有设置内容编辑完成后，该页面最下方点击生成代码按钮，所编辑的内容会自动生成代码格式，如图3.49所示。

图 3.48 动画效果设置

图 3.49 生成代码

复制所有代码。返回到后台 PC 端首页装修中,选择自定义模块并将代码粘贴到源码下,全屏轮播就可设置完成,如图 3.50 所示。

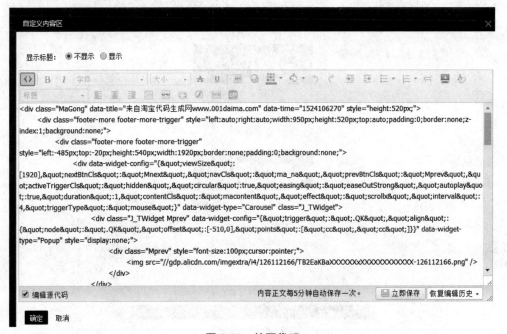

图 3.50 编写代码

根据本项目学习的内容,将图3.51所示的效果装修到店铺中。

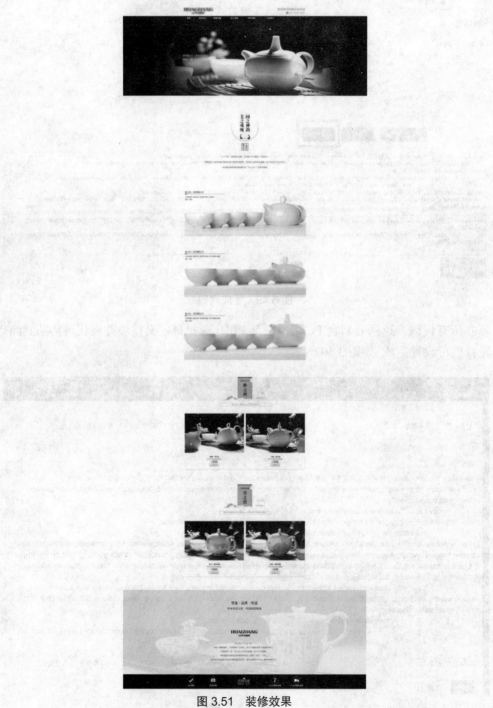

图3.51　装修效果

（1）简介

设置图 3.51 所示页面，首先需要将图片上传到淘宝图片空间，其次在店铺后台进行页头位置的编辑，最后需要利用 Dreamweaver 添加图片的链接以及利用码工助手制作轮播海报，并且将代码添加到相应模块内，此页面即设置完成。

（2）店铺装修步骤

第一步：利用 Photoshop 中的切片工具将首页图片进行分割，最好不同的内容设置为一个区域，如图 3.52 所示。

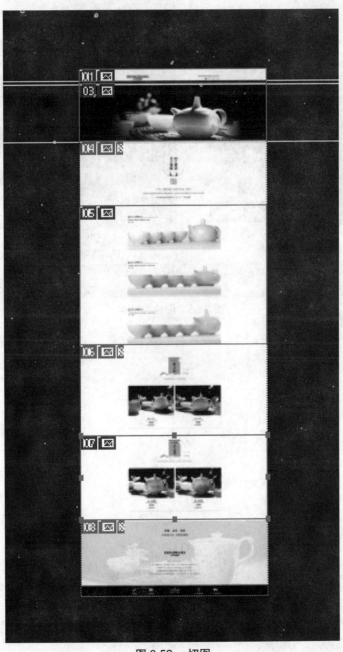

图 3.52　切图

首页页面切图完成后,将所切割的图片保存为 WEB 格式,如图 3.53 所示。

图 3.53　图片的保存

保存后的图片会依照切割的内容一次保存到默认文件夹 images 中,如图 3.54 所示。

图 3.54　图片的保存文件

第二步:将 images 中的图片上传至图片空间,如图 3.55 所示。

图 3.55　图片的上传

第三步：上传页头内容时要分三个不同部分分别装修。

首先，页头显示中间区域为 950 像素宽，因此我们要把 images 文件夹中的页头裁剪为保存中心有效内容，且尺寸为 950 像素宽的新的图片文件上传至图片空间，并获取其图片链接。

打开 PC 端装修界面，选择页头部分的编辑按钮，如图 3.56 所示。

图 3.56　页头的编辑区域

跳转到编辑内容时选择添加图片，将刚刚复制的图片链接复制点击"保存"，如图 3.57 所示。完成本步区域的编辑。

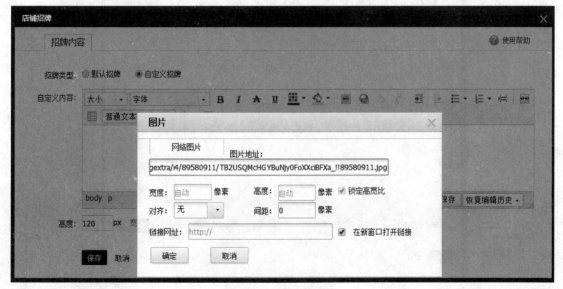

图 3.57　图片的编辑

其次,来编辑页头部分的背景。利用 Photoshop 创建高为 150 像素,宽为 5 像素的文件。其中,高度为 120 像素内的内容填充为白色,下方 30 像素填充为黑色,如图 3.58 所示。

打开 PC 端页面装修界面,找到页头部分将该图片上传到页头背景图,并选择平铺。如图 3.59 所示。

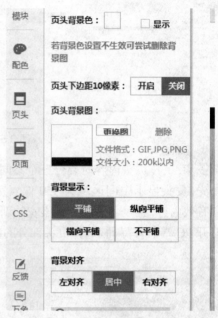

图 3.58　页头背景图的设计　　　　　　图 3.59　页头背景图的应用

最后,鼠标点击导航栏,点击编辑按钮,进行编辑。默认为首页一项,需要点击下方"添加"按钮继续添加想要的内容,如图 3.60 所示。

图 3.60　导航的设置

第四步：利用码工助手中的全屏轮播图上传首页轮播海报，如图 3.61 所示。

轮播类型设置

店铺类型选择	○【天猫店铺】　●【淘宝专业版】　○【淘宝基础版】
轮播风格选择	缩略图风格　　　　　　　　　　▼
模块间隙	去掉10像素　　　　　　　　　　▼

轮播图设置

图片地址 1	https://img.alicdn.com/imgextra/i1/895	链接地址 1	https://img.alicdn.com/imgextra/i1/895
图片地址 2	https://img.alicdn.com/imgextra/i1/895	链接地址 2	https://img.alicdn.com/imgextra/i1/895

增加一组　　删除一组

轮播参数设置

轮播区高度	540	轮播区宽度	1920

此处无需手动填写，系统将自动识别图片尺寸。[?]

链接打开方式　　○【本窗口】　●【新窗口】

图 3.61　轮播图的设置

第五步：利用 Dreamweaver 添加图片链接的方式，将产品部分上传并添加好链接。

第六步：利用码工助手全屏海报将创建好的代码以自定义模板方式将辅助性图片内容上传。

任 务 总 结

本项目介绍了淘宝店铺的装修方法，通过本项目的学习可以了解店铺装修的后台，分别以利用 Dreamweaver 添加链接和利用码工助手添加轮播图来熟悉店铺装修的方法，以步骤形式掌握店铺装修，学习之后能够对淘宝店铺进行装修美化。

英 语 角

装修	fitment	格式	format
链接	interlinkage	保存	conserve
掌握	grasp	工具	instrument
框架	frame	宽度	breadth

一、选择题

1. 页头显示中间区域的宽度为（　　　）。

A.1920 像素　　　　　B.1100 像素　　　　　　　　C.950 像素　　　　　　　　　D.750 像素

2. 利用 Photoshop 中的切片工具将页面切图后保存方式为（　　　）。

A.CTRL+S 存储为 JPG 格式　　　　　　　B.CTRL+SHIFT+S 存储为 JPG 格式

C.CTRL+S 存储为 GIF 格式　　　　　　　D.CTRL+SHIFT+ALT+S 存储为 JPG 格式

3. 在 Dreamweaver 中选择（　　　）可使热点区域的链接地址在新的页面中打开。

A._new　　　　　　B._parent　　　　　　C._self　　　　　　　　D._top

4. 下列内容中不属于淘宝店铺装修基础模块的是（　　　）。

A. 悬浮导航　　　　B. 全屏宽图　　　　C. 自定义区　　　　　D. 配色

5. 店铺装修时对图片中局部范围进行框选并为其添加链接地址，把这个范围叫做（　　　）。

A. 选框　　　　　　B. 热点　　　　　　C. 编辑区域　　　　　D. 选区

二、上机题

1. 将下列图片以轮播形式呈现到店铺首页的 Banner 区域。

2. 将以下 PC 端页面编辑装修到手机店铺当中，内容可根据手机店铺特性适当进行缩改。

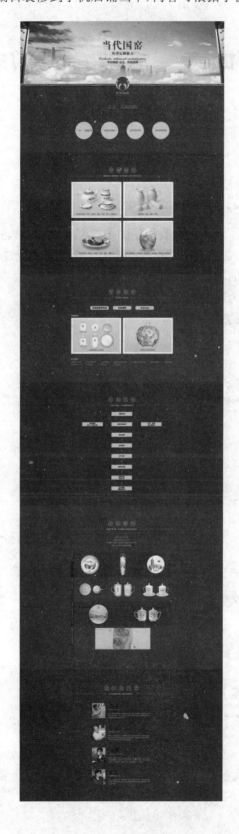

第四章 店铺免费引流

本章节通过产品分析,了解淘内免费流量的入口都有哪些,熟悉淘宝的违规行为以及规避它,掌握优化淘宝搜索的方式,具有免费引流的能力。在任务实现过程中:

- 了解淘内免费流量的入口都有哪些。
- 熟悉淘宝的违规行为以及规避它。
- 掌握优化淘宝搜索的方式。
- 具有免费引流的能力。

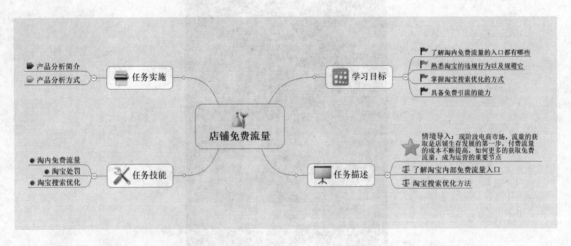

【情境导入】

现阶段电商市场获取流量是店铺生存发展的第一步,付费流量的成本不断提高,如何更多的获取免费流量,成为运营的重要问题。因此在店铺运营开始时需要了解免费流量及其入口有哪些,这样才能对产品进行有效的推广,本项目主要通过产品分析、免费流量入口、淘宝搜索优化以及淘宝处罚等知识点的介绍,学习如何高效的为产品进行免费引流,获取精准流量,提高产品销量。

技能点 1　淘内免费流量

淘宝店铺流量来源可以分为淘内免费流量、自主访问流量、付费流量、淘外网站等,如图4.1 所示。

流量来源	访客数		下单买家数		下单转化率	
淘内免费	168	30.23% ⬆	18	28.57% ⬆	2.27%	6.07% ⬆
自主访问	32	28.00% ⬆	18	20.00% ⬆	19.64%	10.40% ⬆
付费流量	27	28.57% ⬆	13	8.33% ⬆	8.69%	3.98% ⬇
淘外网站	2	0.00% —	1	0.00% —	15.38%	17.58% ⬇
淘外APP	1	0.00% —	0	-	0.00%	-
其它来源	1	0.00% —	1	0.00% —	100.00%	0.00% —
站外投放	0		0		0.00%	

图 4.1　流量来源

对于新开的店铺,淘内免费流量对应的人群有一些特点,分别是:转化率相对较高和自主访问流量少。淘外流量从转化率来说,投放的受众客户大部分不像淘内流量已经在某些方面产生了购买需求,相对而言转化率低。

上述相比较而言,可以看出淘内免费流量是卖家首选的优化流量入口。

1. 简介

淘内免费流量分为电脑端流量与手机端流量,其中电脑端淘内免费流量来源,如图 4.2 所示。从图中可以看出电脑端淘抢购模块的访客数最多,也就是流量最多,如果店铺想要获得更多的流量,可以根据数据来源图参加淘抢购活动、完善店铺信息(品牌信息)等。

流量来源	访客数		下单买家数		下单转化率		
淘抢购	136	5.43%↑	3	0.00%−	2.08%	96.23%↑	趋势
品牌Outlets	50	4900.00%↑	0	-	0.00%	-	趋势
淘宝试用	36	41.94%↓	1	50.00%↓	3.03%	23.17%↓	趋势
淘金币	15	6.25%↓	2	0.00%−	3.92%	19.01%↓	趋势
淘宝搜索	7	12.50%↓	1	0.00%−	8.33%	12.42%↑	趋势
全球购	4	33.33%↓	1	0.00%−	24.44%	119.98%↑	趋势
淘宝首页	4	42.86%↓	1	0.00%−	12.50%	25.00%↑	趋势
淘宝频道	2	100.00%↑	1	0.00%−	63.81%	36.19%↓	趋势
供销平台	2	100.00%↑	0	-	0.00%	-	趋势
淘宝海外	2	0.00%−	1	0.00%−	50.00%	0.00%−	趋势
淘宝站内其他	2	0.00%−	1	0.00%−	22.22%	33.37%↑	趋势
淘宝其他店铺	2	0.00%−	1	0.00%−	33.33%	33.32%↑	趋势
爱淘宝	2	0.00%−	1	0.00%−	50.00%	10.71%↓	趋势
天猫首页	1	0.00%−	1	0.00%−	100.00%	0.00%−	趋势

图 4.2　电脑端免费流量来源

　　随着智能手机的普及,使用手机逛淘宝的人数也在不断增加,手机端淘内免费流量也逐渐增长,由于进店流量入口侧重点的不同,带来的流量也是不一样的,如图 4.3 所示。可以看出手机端流量中天天特价排名最高。商家可以根据情况,去参加相对应的活动,来增加店铺的访客数。

流量来源	访客数		下单买家数		下单转化率	
手淘天天特价	869	42.87%↓	21	32.26%↓	1.91%	15.06%↑
每日好店	446	6.30%↓	9	12.50%↑	0.57%	21.28%↑
手淘搜索	122	27.08%↑	14	27.27%↑	1.91%	1.60%↑
手淘淘金币	109	80.40%↓	13	18.75%↑	1.41%	36.89%↑
手淘拍立淘	49	16.67%↑	4	0.00%−	2.61%	18.10%↑
手淘必买清单	33	19.51%↓	3	0.00%−	2.02%	0.50%↑
手淘试用	28	600.00%↑	1	0.00%−	0.30%	99.50%↓
淘内免费其他	26	30.00%↓	11	22.22%↑	13.94%	6.98%↑
我淘我家-品质好物	18	72.73%↓	3	25.00%↓	2.84%	468.00%↑
我淘我家-家有萌娃	16	23.08%↓	4	33.33%↑	1.56%	1.27%↓
手淘首页	16	6.67%↑	6	0.00%−	13.33%	22.41%↑
手淘-生活研究所	16	36.00%↓	8	14.29%↑	1.06%	12.77%↑
领券中心	14	44.00%↓	2	33.33%↓	2.88%	29.73%↓
手淘中国质造	14	100.00%↑	1	50.00%↓	4.17%	191.61%↑

图 4.3　手机端流量来源

2. 淘内免费流量引流

商家应该怎样利用免费流量进行引流呢？需要了解个人店铺流量构成，查看高流量渠道、高转化渠道，通过数据分析进一步优化流量入口，对店铺尚未覆盖的流量渠道进行拓展。免费流量主要包括淘内活动流量、内容运营流量和淘宝搜索流量三方面。

（1）淘内活动流量

淘内活动流量是参与淘宝内部活动而产生的流量。如天天特价、淘金币、淘宝试用、淘抢购等活动要积极报名，从而获得更多的流量。下面介绍几个淘内活动及其报名入口。

①天天特价界面（https：//jupage.taobao.com/wow/tttj/act/index）以及商家报名入口如图4.4所示。

图4.4 天天特价界面

②淘金币活动（https://taojinbi.taobao.com/index.htm）以及商家报名入口，如图4.5所示。

图4.5 淘金币界面

③阿里试用界面（https://try.taobao.com/）以及商家报名入口如图4.6所示。

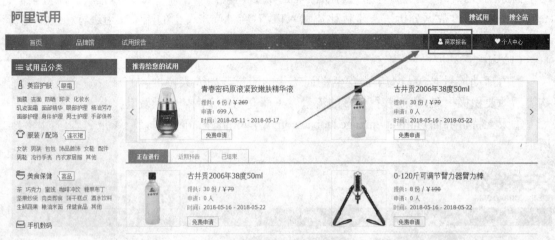

图4.6　阿里试用界面

④淘抢购界面（https://qiang.taobao.com/）以及商家报名入口，如图4.7所示。

图4.7　淘抢购界面

（2）内容运营流量

内容运营流量是通过对店铺及产品的包装吸引客户，获取流量。内容运营可以通过微淘、有好货、必买清单、每日好店等模块进行。内容营销做的好可以增加店铺销量，提高客户黏性，从而形成转化。在淘宝平台中，最常用的是"微淘"板块，商家可以在微淘发布自己的产品并且配上文字说明，可以更好地吸引客户，为产品以及店铺带来流量。下面了解一下"微淘"模块的位置。

登上手机淘宝在首页就有微淘项，点击进入就可以查看微淘消息。微淘界面如图4.8所示，可以根据爱好选择喜欢的模块进行查看。

淘宝越来越重视微淘的发布，手机端淘宝店铺导航位置都会有"店铺微淘"界面，商家可以对微淘界面进行装修，当个人发布微淘消息后，就可以在这里查看微淘内容。如图4.9所示。

图 4.8 微淘界面

图 4.9 手机端导航位置

（3）淘宝搜索流量

淘宝搜索流量是客户通过搜索点击进入产品及店铺时产生的流量。淘宝搜索分为电脑端搜索和手机端搜索。

在电脑端搜索时可以选择关键词搜索、天猫搜索或店铺搜索，也可以通过图片搜索，如图4.10 所示。选择产品搜索时可以搜索到淘宝个人店铺、企业店铺、天猫店铺的产品，选择天猫搜索时只能搜索到天猫的产品，选择店铺搜索时搜索到的是店铺。

图 4.10　电脑端首页

　　客户想购买东西的时候,可以通过淘宝搜索框搜索这个产品的名称,为了更精确的找到想要购买的产品,可以在搜索时对产品进行描述,从而更准确、快速的找到要购买的产品。

　　如今用手机购物越来越普及,大部分人群选择手机搜索,其界面如图 4.11 所示。可以在搜索框里搜索产品,天猫、店铺,也可进行拍照、图片搜索。

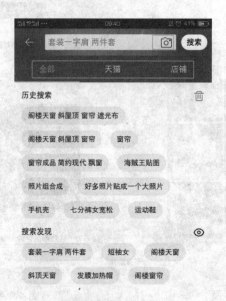

图 4.11　手机端搜索页面

　　产品排名比较靠前,客户看到的概率会更大,之后才会有点击、成交的可能。平台在对产品展现时,产品的排名是实时的,根据产品的综合实力进行排名(是各种因素综合影响的结果),影响排名的因素有以下几种,如图 4.12 所示。产品优化的目的是满足淘宝搜索引擎的展现规律,提升产品排名,从而提升流量,获得更高的权重。

- **【店铺数据】**:动态评分、退款纠纷率、投诉维权处罚等

- **【商品质量】**:标题,关键词,主图,详情图片,价格,属性等

- **【商品数据】**:销量、人气、收藏、转化率,客单价,橱窗推荐、下架时间等

- **【处罚类】** 店铺违规、虚假交易、处罚、低价交易、假货、历史违规等

如存在假货,违禁,炒作,侵权等违规行为对宝贝的排名是不利的,要杜绝一切不规范交易行为;然后关注下商品一些综合因素哦,并且进行相应的提升~比如通过一些推广或是营销活动,提升流量以及转化,再通过一些老客户的回馈活动,提升店铺的回头客数据等等;关注店铺数据以及商品的数据,慢慢的提升综合实力,对于商品排序会有一定的帮助的哦~

图 4.12　影响因素

技能点 2　避免淘宝处罚

制定淘宝规则的目的是为了促进开放、透明、分享和责任的新商业文明,保障淘宝网用户合法权益,维护淘宝网正常经营秩序而制定的规则。违规行为的认定与处理,应基于淘宝认定的事实并严格依规执行。为了获得更多的淘内流量,在运营过程中应避免出现违规情况,违规分为严重违规与一般违规,只要出现违规情况淘宝就会做出相应的处罚。

1. 常见的处罚重点

处罚,可以约束淘宝店铺,使淘宝平台公平、有序的运行。常见的处罚重点也就是淘宝店铺中经常违规所带来的处罚。常见的违规包括虚假交易与滥发信息两个方面,下面分别来进行讲解。

(1)虚假交易

虚假交易是不真实或不存在的买卖行为,是指商家通过不正当的手段提高产品销量与成交金额的行为。不正当的手段有以下几种形式:

①将一件商品拆分为多个不同形式或页面发布。例如:商品和商品的运费分开发布;一个产品拆分不同价格打包出售。

②将赠品打包出售或利用赠品提升信誉。

③使用虚假的发货单号或一个单号多次使用。

④以直接或是间接的方式,变更商品页面信息、大幅度修改商品价格或商品成交价格。

⑤卖家限制买家购买虚拟物品的数量。包含但不仅限于此情况:限制某件商品一个 ID 只能购买一件,特殊市场另有规定的按照特殊规定。

⑥在移动/联通/电信充值中心,网络游戏点卡,腾讯 QQ 专区三个类目中发布虚拟类商品时使用限时折扣工具。

⑦卖家自己注册或操纵其他账号(如炒作团伙账号、亲朋好友账号、公司同事账号等),购买自己发布的商品。

⑧卖家发布无实质内容的商品(如发布纯信息、发布免费获取或价格奇低的商品等)。

虚假交易会损害买家的利益,并且在与同行竞争过程中,对其他卖家不公平,淘宝平台在查到有虚假交易时会根据卖家的虚假交易行为进行相应的处罚。

(2)滥发信息

滥发信息指用户未按照淘宝管理要求(淘宝规则、类目管理标准等)发布商品或信息,从而损害买家权益的行为。滥发信息主要包括广告信息、信息与实际不符、信息重复、商品要素不一致、规避信息、品牌不一致、行业特殊要求。

①广告信息

广告信息是指商家在商品类页面或店铺装修区等其他页面,发布不以成交为目的或易导致交易风险的外部网站的商品或信息。广告信息主要包括以下几种:

● 将心情故事、店铺介绍、仅供欣赏、联系方式等非实际销售的商品或信息,作为独立的商品页面进行发布。

- 在供销平台或指定类目外发布批发、代理、招商、回收、置换、求购类商品或信息。
- 除站内淘宝客户及淘宝提供的友情链接模块外,发布本店铺以外的淘宝店铺、商品等信息。
- 发布社交、导购、团购、促销、购物平台等外部网站的名称、LOGO、二维码、超链接、联系账号等信息(特定市场另有约定的除外,如红人馆)。

如图 4.13 所示,在产品页面发布"独家女装免费代理"的消息,此类消息就视为广告信息。

图 4.13　独家女装代理

②信息与实际不符

信息与实际不符指商家在商品或店铺等区域,发布的商品或店铺信息与实际不符。其主要包括以下几种情况:

- 过度夸大或虚假承诺商品效果及程度。

使用"国家级"、"最高级"、"最佳"等用语的夸大描述;对商品的质量、用途、使用效果等进行虚假或引人误解的宣传。例如商品实际没有功效但商品发布时描述了功效或商品有功效但商品发布时夸大过度地描述了商品功效的内容和范围。

- 商品、店铺的基础信息或官方资质信息等与实际不符。

商品标题、图片、详情等区域出现的商品资质信息(如吊牌、水洗标签、中文标签等)、店铺基础信息、官方资质信息等与实际不符。如店铺实际信誉为三星,但是商品标题写"四星皇冠";商品未参加聚划算、天天特价等活动但在商品标题中标注了"聚划算"、"天天特价"等的关键词。

- 通过店铺装修的方式遮挡、篡改相关店铺、商品的基础信息或官方资质信息,使之与实际不符。

例如恶意装修店铺自定义区,对店铺的信誉等级、评价详情、产品成交、举报入口、官方资质等进行遮盖或者篡改。

● 商品发布时填写的条形码信息与实际不符。

如图 4.14 所示,老人手机商品描述为"全网最低价",但是通过对图 4.14 与 4.15 的查看,可以了解到图 4.14 中产品并不是全网最低价,其标题为过度夸大商品,属于信息与实际不符。

图 4.14　老人机标题

图 4.15　淘宝搜索老人机

③信息重复

信息重复是指商家发布的商品信息存在重复。主要包含以下两种情况：

● 重复铺货：店铺中同时出售同款商品两件以上的。

● 重复铺货式开店：开设两家以上店铺且出售同样商品的。

同款商品是指完全相同以及商品的重要属性完全相同或高度相似的商品。对于不同的商品，必须在商品的标题、描述、图片、重要属性等方面体现商品的不同，否则将被判定为重复铺货。

同款商品不允许发布的情况如下所示：

a. 同款商品不同颜色分别发布（男女装、运动服、箱包、鞋类、内衣配件类目除外）

案例1：在男女装、运动服等类目内，同款颜色分别发布是可以的，但是如果一件产品主图已包含了各种颜色或者各种颜色的销售属性，然后又以此不同颜色分别发布展示，属于重复铺货。

案例2：在男女装、运动服等类目以外的其他类目下，同款商品不同颜色分别发布就属于重复铺货。

b. 同款商品不同规格分别发布（服饰配件、箱包类目除外）

案例1：在服饰配件、箱包类目下以大、中、小或者是其他不同的规格分别发布，是可以的；但是在服饰配件、箱包类目以外的类目下是不能分别发布的。如一件衣服以大、中、小不同的尺码分别发布，属于重复铺货；或者是一双鞋子以不同的尺码发布也属于重复铺货。

c. 通用型商品不同适用车型/不同适用机型分别发布

在汽车/用品/配件/改装类目下的通用型商品不能分不同的车型分别发布；在3C数码配件类目下的通用型商品不能分不同的机型分别发布。

如图4.16所示为通用于不同车型的坐垫，如果其分为两个商品分别发布，就属于重复铺货。

图4.16　通用型车垫

④商品要素不一致

商品要素不一致是指商家在商品类页面（如商品标题、图片、价格、运费模板、属性区域、详情描述、后台品类等）发布中出现类目、邮费、属性、价格等商品信息之间不一致的情况，如图4.17所示，图片为休闲鞋或跑鞋，但是其标题在描述时加入凉鞋、靴子等词语，此情况视为商品要素不一致。

图4.17　商品要素不一致

⑤规避信息

规避信息是指商家通过各种方式刻意规避淘宝商品发布规则的要求发布商品。规避信息主要方式是利用 sku 低价引流，即通过刻意规避淘宝商品 SKU 设置规则，滥用 sku 设置，涉嫌低价引流的行为。SKU 即 Stock Keeping Unit（库存量单位），是指产品的销售属性集合，供买家在下单时点选，如"规格"、"颜色分类"、"尺码"等。部分 SKU 的属性值可以由卖家自定义编辑。

如4.18所示，在标题为被套四件套下，却有枕套的单独选项，其目的是通过低价吸引客户点击，此行为就属于规避信息。

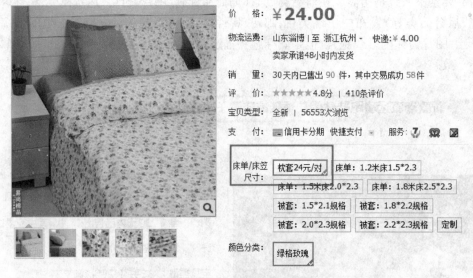

图 4.18　规避信息

⑥品牌不一致

品牌不一致是指卖家出售的商品信息中,标题、商品描述或图片中的品牌与产品属性内容,存在不一致、不匹配的情况。 如图 4.19 所示,在标题中有品牌"特步"但是其产品详情内品牌为"other/ 其他",这就属于品牌不一致的情况。

图 4.19　品牌不一致情况

⑦行业特殊要求

行业特殊要求是指商家违反淘宝网各品类、行业标准的规定发布商品或信息。常见情形如下：

● 特殊品类商品违背其自身属性的，如宠物活体（猫咪、狗狗）自体存在唯一性的特征，库存量信息及销售记录不应违背其商品个体唯一性的特征。

● 其他违反淘宝网各品类、行业标准的规定发布商品或信息的。

若卖家存在其他违反淘宝网各品类、行业标准规定发布商品或信息的，依照相应的类目、行业标准规定的处理，如表 4.1 所示。

表 4.1　行业特殊要求

滥发信息	情形	违规处理及纠正			扣分
行业特殊要求	特殊品类商品违背其自身属性的	在商品类页面发布（同件商品在同一滥发情形中违规次数）	第一次	下架商品	不扣分
			第二次	删除商品	0.2 分
	其他违反淘宝网各品类、行业标准的规定发布商品或信息的	依照相应的品类、行业标准之规定处理			
行业特殊要求情节严重	发布大量违规商品或信息	下架店铺内所有商品、限制发布商品、限制商品发布数量、限制发布类目数量			6 分
	同一卖家在行业特殊要求情形中多次违规	删除商品、下架店铺内所有商品、限制发布商品、限制商品发布数量、限制发布类目数量			2 分
	刻意规避，如错峰上下架等	删除商品；下架店铺内所有商品、限制发布商品、限制商品发布数量、限制发布类目数量			2 分
行业特殊要求情节特别严重	对消费者或平台产生不良影响的，如产生大量维权、引发公关事件等	删除商品、下架 / 删除店铺内所有商品、店铺屏蔽、交易账期延长、限制发布商品、限制商品发布数量、限制发布类目数量、店铺监管等措施			6 分
	经行业特殊要求，情节严重处理后再次违规的	删除商品、下架 / 删除店铺内所有商品、店铺屏蔽、交易账期延长、限制发布商品、限制商品发布数量、限制发布类目数量、店铺监管等措施			6 分
涉嫌违反行业特殊要求的商品		视情节严重程度给予单个商品搜索屏蔽或单个商品搜索降权直至商品整改完成后第 3 天恢复			不扣分

2. 自检自查

为了避免淘宝处罚，可以通过"卖家中心"—"产品管理"—"体检中心"，进行检测查看。商家要养成商品信息检查的良好习惯，定期通过检测工具进行自检，查看店铺综合体检结果，如图 4.20 所示。

图 4.20　店铺检测

　　在店铺和商品优化建议里，可以进行综合优化、商品体检、搜索体检、合规体检、订单体检、服务指标体检、资质体检、营销体检、滞销商品、物流体检的"立即查看"，通过体检结果做出进一步调整，如图 4.21 所示。

图 4.21　店铺和商品优化建议

技能点 3　淘宝搜索优化

1. 淘宝优化简介

淘宝优化是指对淘宝店铺各方面进行优化设置,主要指流量入口以及成交转化等的优化。平时提到的淘宝优化多理解成对淘宝网站关键词搜索排名的优化。

关键词搜索排名常见的优化项有:上下架时间的优化、商品标题的优化、产品属性的优化、商品主图的优化、详情页的优化、价格的优化、产品类目的优化、橱窗推荐优化等。

2. 上下架时间的优化

为了更好的分配流量,淘宝实行产品七日一上下架的规则(例如,今天周一上午 10 点 5 分上架,下周一同样是 10 点 5 分进行一个系统的上下架,无需人工操作),产品的上下架时间对搜索的影响在项目一中有提到,产品越接近下架时间,排名相对越靠前,当客户搜索关键词的时候,被展现的机会就越大,当客户点击某个产品的时候,对这个产品来说就产生了流量。

想要对上下架时间进行优化,可以通过以往经营的数据,查看这类产品在一周以及一天中哪个时间段的浏览以及转化情况更好,选择相应的时间进行上架产品就可以。不同的行业和类目,可以根据店铺的交易时间观察规律,进行调整。

如果想查看同行业类似产品的上下架时间,可以通过软件来实现,例如 UC 浏览器,如图 4.22 所示,可以看到各个连衣裙的下架时间。

图 4.22　产品上下架时间

如果想查看自己店铺产品的上架时间,可以通过"卖家中心"—"产品管理"—"出售中的产品",查看上架时间,这里的上架时间一周自动刷新一次,如图 4.23 所示。

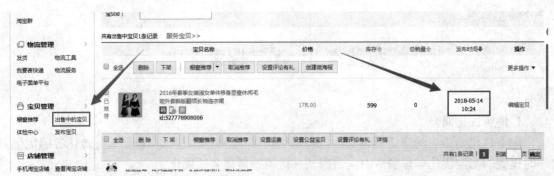

图 4.23　产品上架时间

　　产品在淘宝搜索时,会受上下架时间的影响,在天猫进行搜索时没有上下架时间影响。由此可以看出,淘宝平台间接地从中扶持中小卖家,让中小卖家也可以拥有流量进行推广。

　　当发布一个产品后,如果后续需要编辑修改,产品的上架时间也是不改变的。系统记录的是最初发布产品时所处的时间点。当我们在编辑这个产品时,其实产品仍处于上架状态,所以编辑产品是不会改变上架时间的。只有将产品下架到仓库中,重新上架才会改变上架时间。

3. 商品标题的优化

　　商品标题是由一系列的词语组成的描述产品的简短语句。在制定标题时首先寻找符合产品特征并且搜索率高的词语,然后再进行组合。组成标题的词语类型有:营销词,属性词,类目词。

　　营销词:具有营销性质的词。如包邮、特价、打折、折扣、免邮费、秒杀等。

　　属性词:描述产品属性、参数的词。如高腰、加厚、保暖、通勤、甜美、街头等。

　　类目词:产品发布所在的类目。如女装、孕妇装、运动服、连衣裙、童装等。

　　根据销售的产品寻找词语,找词的方法很多,最常用到的找词方法如下:

　　(1)通过淘宝搜索进行找词。鼠标点击搜索框输入产品类目,例如连衣裙,搜索栏下面会推荐出搜索率较高的关键词,如图 4.24 所示,这些词语都是消费者经常搜索的词语。在这里也能够知道产品的销售趋势,例如长裙款、韩版等样式被客户搜索较多,说明此类产品比较受欢迎。商家根据搜索情况选择店铺主推的产品。

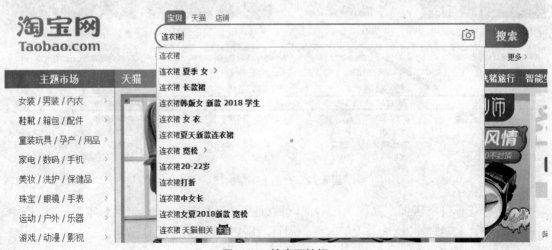

图 4.24　搜索下拉框

（2）通过排行榜选择词语。在淘宝网排行榜，选择相应的产品类目，可以查看搜索上升榜以及搜索热门排行，根据榜单提供的关键词进行选词。如图4.25所示，可以看到"母婴"——"童装"的搜索在上升榜排名第一的词语为"加绒"，经营此类产品的卖家可以根据排名去组合自己产品的标题。

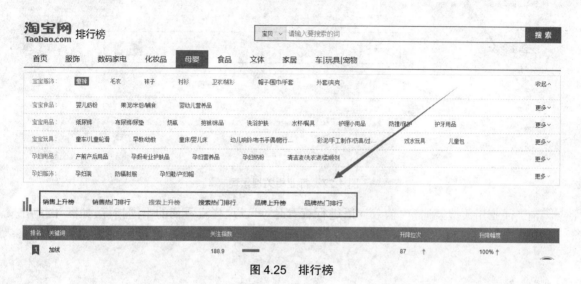

图4.25 排行榜

（3）通过"您是不是想找"选择词语。通过搜索框搜索某个关键词，会有"您是不是想找"这一栏，在这会推荐一些与搜索关键词相关的热搜词。如图4.26所示，在搜索连衣裙时，会出现雪纺连衣裙、真丝连衣裙等相关词语。

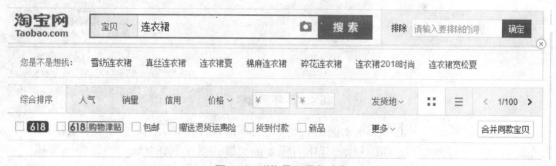

图4.26 "您是不是想找"

（4）选词助手。通过"生意参谋"——"流量"——"选词助手"可以查看本店铺的引流关键词（买家通过搜索某个关键词进入店铺）以及"行业相关搜索词"，使用"行业相关搜索词查询"可以搜索到与本产品相关的搜索词以及该搜索词的全网搜索热度、全网点击率等数据。如图4.27所示，输入连衣裙点击"查看"，显示搜索词"新款连衣裙"以及该词语的搜索热度17556、点击率245.43%。商家可以通过查看该数据来选择数据好的关键词，从而组合成为产品的标题。

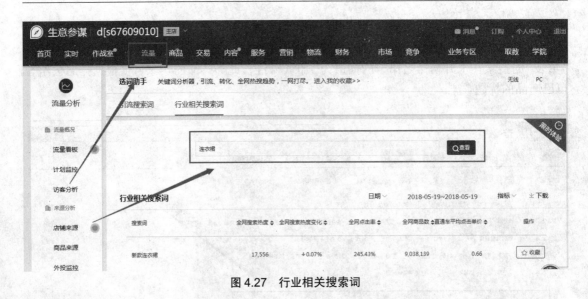

图 4.27　行业相关搜索词

在"行业相关搜索词"内输入词语进行查看时,可以选择查看词的不同指标,如图 4.28 所示,在想要查看的指标前打"√"即可。

图 4.28　不同指标

(5)关键词词典。它是一个基于淘宝、天猫直通车的操作需求,汇集所有关于关键词操作方面的页面。此页面会不定期的更新,其中有很多的关键词供卖家选择。

关键词词典里分了五个模块,分别是潜力词表、计算机端词表、手机端词表和首页热搜词词表、O2O 无线词表。如图 4.29 所示,词表里含有直通车后台中搜索量最大、曝光量极高的一些关键词组合,可以选词用到推广当中,也可以从中发现行业的发展趋势。

(6)查排名(chapaiming.com)。它是一个可以帮助买家精准定位产品实时排名以及监控竞争对手店铺的专业应用平台。此平台实时反应全网关键词排名情况,如图 4.30 所示。商家可以根据排名选择关键词,对自己产品的标题定期进行优化。

选择词语的方法很多,除了以上讲解的方法,还可以通过直通车、词库网、同行业等进行词语的查询。通过找到的关键词进行标题组合,组合标题的时候要注意以下几点:

①不要大量的使用相近或者类似的标题。

图 4.29　关键词词典模块

图 4.30　查排名

②标题中切忌故意堆砌一些品牌词或者过量的关键词。

③标题中不要使用特殊符号。

④标题中可以添加商品的属性。

在设置标题时,尽量组合通顺,增加一些用户关心的有关产品特性的词,使标题可读性强,并且可以在其中增加产品特性的描述,对产品的搜索排名有帮助。

为了更好的组合标题,推荐一个"公式":标题＝营销词＋类目词＋属性词＋核心关键词。(核心关键词即为简短但可以精准表达产品的词)为什么把营销词放在第一位?当客户在浏览标题的时候可以第一眼看到标题的前几个字,从而可以吸引客户,增加产品点击率(此方法没有官方声明)。

4. 产品类目以及属性优化

商家在产品上架时填写与产品最匹配的类目以及完整的属性,可以增加产品的搜索排名,为产品带来更多的流量,提高产品的成交率。下面对类目优化与属性优化分别讲解。

（1）类目优化

在产品上架时要先保证产品上架的类目是正确的。在前面项目中有提到,发布产品时就要选好商品最匹配的类目,可以参考系统推荐的类目。类目错放不仅会引起商品降权,还有可能导致下架扣分。在不确定店铺产品所放类目的情况下,可以参照其他店铺产品所放的类目,可以通过 uc 浏览器查看,如图 4.31 所示也可以通过查排名进行查看。

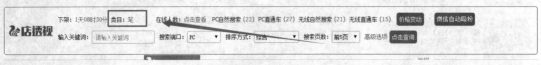

图 4.31　查看类目

（2）属性优化

上架后的产品要保证商品属性完整发布后的产品标题、属性、类目一定要对应。淘宝的属性填写会影响到产品的搜索排名情况,例如在淘宝搜索框搜索关键词"白色连衣裙",这时搜索页面出现的第一个产品,在标题里没有白色,但在属性里有白色,所以此产品同样有展现,如图 4.32 与 4.33 所示。

图 4.32　白色雪纺衫

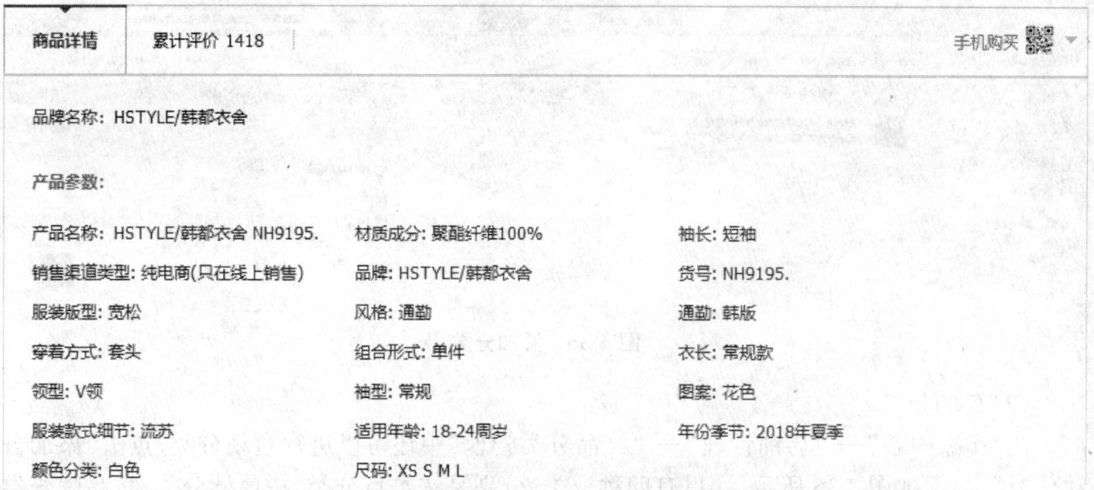

图4.33　商品详情

由此可见属性填写完整会影响到产品的排名,同时也会影响到客户的购物判断,客户在购物时根据产品属性来了解产品,从而影响到客户的购买。淘宝商品属性在知道的情况下尽可能都填上,但是千万不要填错了,若是错填产品属性,就和错放类目一样,都是属于违规行为,不仅会引起商品降权,还有可能导致下架扣分。填好后展现在商品详情页的开始位置,如图4.33所示。

5.产品分类优化

当店铺产品特别多的时候要考虑产品的分类问题,设置分类的目的是让客户了解店铺的构成,更方便的找到所需的产品。设置分类的方法有手工分类与自动分类。

（1）手工分类

进入"卖家中心"—"店铺管理"—"产品分类管理",在这里可以进行手动分类,点击"添加手工分类"进行设置即可,如图4.34所示。设置完成后进行"保持更改"（在添加分类的时候可以设置子分类）。

图4.34　手工分类

当设置好分类后,需要对上架中未分类的产品进行分类,界面如图4.35所示,在添加分类项下选择对应的分类即可。

图 4.35　添加分类

（2）自动分类

在"卖家中心"—"店铺管理"—"产品分类管理"中还可以进行自动分类，点击"添加自动分类"，界面如图 4.36 所示，这里有四种分类，分别是按类目分类、按属性分类、按品牌分类和按时间分类。在这里选择相应的分类点击"确定"，分类就完成了。前提是在上架产品时，对应的属性都有填写，只要填写完善自动分类就非常容易。

按类目归类	按属性归类	按品牌归类	按时间价格

类目名称	操作
▶　连衣裙	搜索(1)

*勾选后，将以这些条件自动在分类中添加对应的自动分类，自动分类不会在宝贝管理页面进行归类操作 点击查看帮助

确定

图 4.36　分类设置

在分类优化设置好之后，可以在导航、首页、单品页左侧栏、列表页左侧栏以及自定义页添加对应的模块，方便客户查找产品。

当店铺产品过少的情况的下，不建议进行分类，分类反而不利于客户对产品的查看，因为每个分类下就一两个产品，客户的选择就少了，而且如果客户浏览时看不到想要的产品分类，

就容易离开店铺。

产品分析

1. 简介

通过产品分析可以了解到该产品的目标人群有哪些、哪些方面会影响转化率、应该对哪个区域人群多进行推广工作等一系列的内容，从而为自己的产品的销售有一个明确的规划和目标。

2. 分析方法

分析方法主要包括单品分析与商品温度计，下面分别进行讲解。

分析方法一，通过"生意参谋"—"商品模块"—"单品分析"，在"单品分析"界面搜索框内输入想要搜索产品得关键词、商品 ID、商品 URL 等，进而找到自己要分析的产品，如图 4.37 所示。

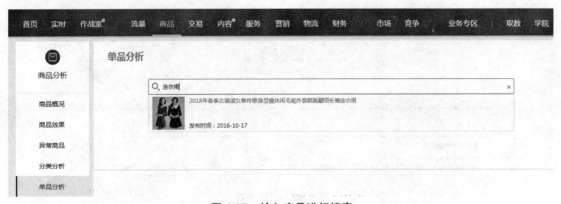

图 4.37 输入产品进行搜索

在"单品分析"里有以下四项分析，分别是：来源分析、销售分析、访客特征、促销分析。通过这四项分析可以解决以下问题：

单品的效果如何？

哪个来源引来的访客质量高？

哪个关键词转化率高？

哪个地域流量给力？

（1）来源分析，分析引流来源的访客质量，关键词的转化效果，来源商品贡献，可以清楚的知道引流的来源。效果如图 4.38 所示，可以看到访客是通过哪五件商品进行的点击，也可以看到转化最高的五件商品。

图 4.38　来源分析

（2）销售分析，可以清楚商品的变化趋势，商家可以掌握规律，迎合变化趋势制定优惠活动，进而提高转化率，如图 4.39 所示。

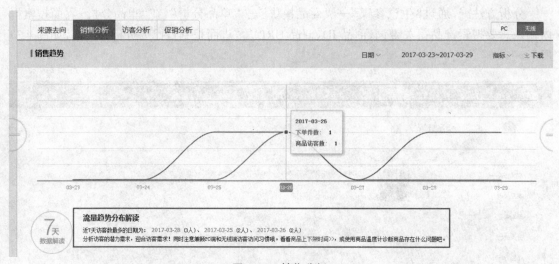

图 4.39　销售分析

（3）访客特征，了解商品访客的潜在需求特征，迎合需求。如图 4.40 所示，可以了解到访客的性别、所在区域、来访时间段，商家可以根据了解到的信息在每天特定时间开展优惠活动，对个别地区进行优惠吸引客户等。

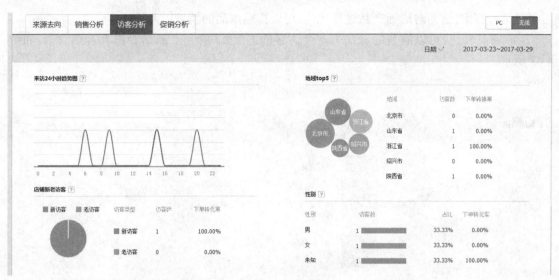

图 4.40　访客分析

（4）促销分析，可以看到适合关联销售的产品。商家对产品设置关联销售，可以促进产品销量，提高单价。如图 4.41 所示。

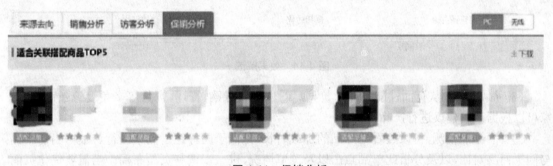

图 4.41　促销分析

分析方法二，通过"生意参谋"—"商品模块"—"商品温度计"，在"商品温度计"界面搜索框内输入想要产品得关键词、商品 ID、商品 URL 进而找到自己要分析的产品，如图 4.42 所示。

图 4.42　商品温度计

在"商品温度计"里有以下四项分析，分别是：商品转化、效果解读、商品诊断、无线分析。通过分析这些内容可以知道"商品引流能力强但转化低是什么引起的"这一问题的答案。通过了解这一答案,进而对店铺产品进行优化,可以提高产品的销量以及转化率。

（1）商品转化,可以清楚的看到每一个访客的态度,了解到产品是否符合客户需求,如图4.43 所示。

图 4.43　商品转化

（2）效果解读,对转化效果数据进行解读,让商家清楚那哪个转化环节存在问题,从而针对性的进行优化。如图 4.44 所示。

图 4.44　效果解读

（3）商品诊断,从页面性能、标题、价格、属性、促销导购、描述、评价等多角度诊断商品,商家可以根据诊治建议进行产品优化。

①页面性能检测,可以查看此产品的加载时长,是低于同行还是高于同行。根据当前产品与同类商品对比,以及分析此单品点击以及浏览情况,进一步调整页面布局。当需要优化页面时,点击下方的"修改描述",就可跳转到单品编辑页进行修改。如图 4.45 所示。

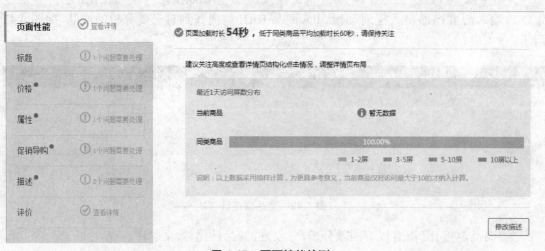

图 4.45　页面性能检测

②标题检测,可以查看标题长度、有没有特殊符号以及空格情况,不要浪费现有的资源,在这里可以展现最近进入此单品的关键词,并推荐行业热词。当需要优化页标题时,点击下方"标题优化",就可以直接跳转到单品编辑页进行修改,如图 4.46 所示。

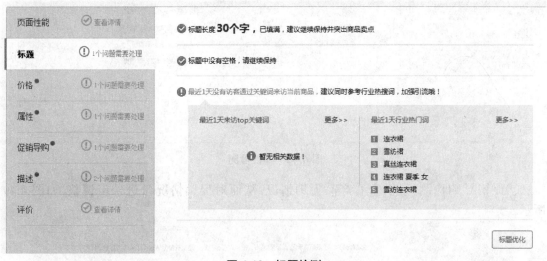

图 4.46　标题检测

③价格检测,可以查看商品的价格处于市场同类商品的主要价格范围的哪一阶段,以及同行业使用折扣价格情况。当需要修改价格时,可以点击"调整价格",跳转到产品编辑页面调整价格,如图 4.47 所示。

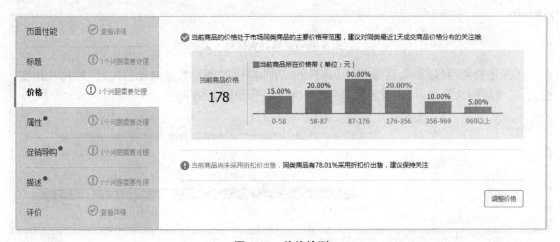

图 4.47　价格检测

④属性检测,可以查看行业修饰词排序,根据推荐可以选择此类属性的产品进行上架。当需要修改属性时,就可以点击"修改属性",跳转到产品编辑页面修改属性,如图 4.48 所示。

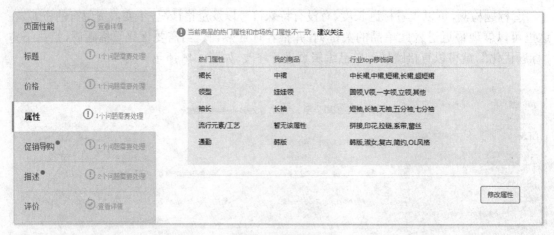

图 4.48 属性检测

⑤促销导购检测，可以查看产品促销情况，从而对促销情况做进一步调整，如图 4.49 所示。

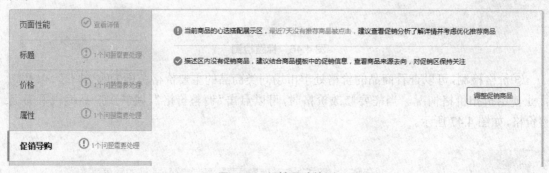

图 4.49 促销导购检测

⑥描述检测，可以查看店铺描述与同行业店铺描述的图片数量对比情况，图片尺寸超宽、超大、超高的图片数量，可以对图片进行"一键优化"，如图 4.50 所示。

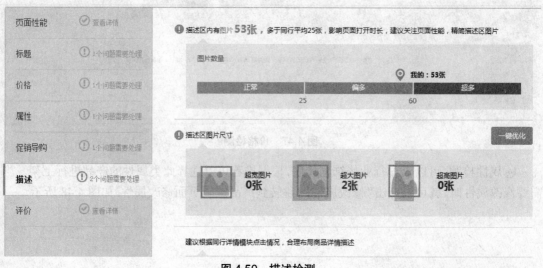

图 4.50 描述检测

⑦评价检测,可以查看店铺动态评分情况,以及店铺的好评率情况,如果出现差评,就需要根据客户不满的地方进行针对性的优化,如图4.51所示。

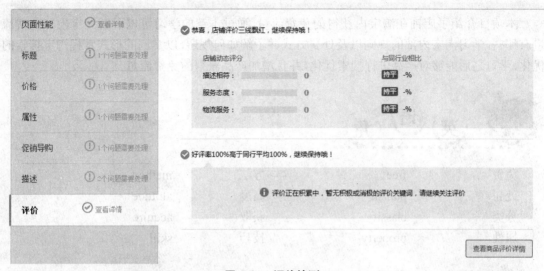

图4.51 评价检测

(4)无线分析,无线端则由描述区页面高度、图片查看、页面打开时长三大角度诊断,根据诊断情况做出相对应的优化调整,如图4.52所示。

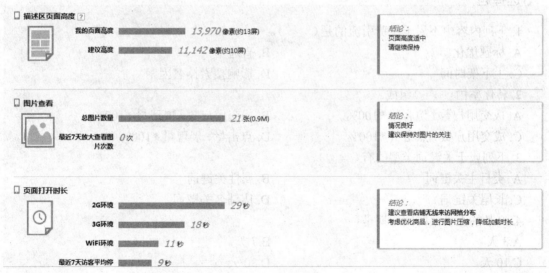

图4.52 无线分析

通过上述两种方法对产品进行分析,了解产品的设置以及销售中存在的问题,进而针对性的优化,使店铺产品可以有高销量和高转化率。

本项目介绍了店铺在淘宝内获得的免费流量,通过本章的学习可以了解淘宝内部免费流量有哪些,学习淘宝内部的规则以及处罚方式并了解如何规避,以案例的形式掌握淘宝搜索的优化,学习之后能够对产品进行搜索优化,并且增加产品获得的免费流量。

免费	free	方法	method
处罚	punish	高度	altitude
分类	classify	获取	acquire
属性	property	技巧	skill

一、选择题

1. 下列内容中不属于免费引流的是（　　）。

A. 标题优化　　　　　　　　　　　　B. 直通车

C. 上下架时间　　　　　　　　　　　D. 影响搜索排名因素

2. 转化率由（　　）组成。

A. 成交用户数 / 访客数 *100%　　　B. 成交用户数 / 展现量 *100%

C. 成交用户数 / 点击量 *100%　　　D. 点击量 / 展现量 *100%

3. 下列属于关键词类型的有（　　）。

A. 类目主关键词　　　　　　　　　　B. 属性关键词

C. 长尾关键词　　　　　　　　　　　D. 店铺名关键词

4. 产品的上下架时间周期是（　　）。

A.3 天　　　　　　　　　　　　　　B.7 天

C.10 天　　　　　　　　　　　　　　D.30 天

5. 流量高峰期不同类目有所区别,下列不属于分类目流量高峰期为（　　）。

A.10 点前后　　　　　　　　　　　　B.12 点前后

C.15.16 点前后　　　　　　　　　　D.20.21 点前后

二、上机题

1. 上架一款产品,完成标题的编写,属性及类目的设置,上下架时间的设置。

第五章 天天特价活动

本章节通过参与天天特价活动,了解天天特价活动规则,熟悉活动前产品规划,掌握活动运营计划的编写,具有利用天天特价营销的能力。在任务实现的过程中:

- 了解天天特价活动规则。
- 熟悉活动前产品规划。
- 掌握活动运营计划的编写。
- 具有利用天天特价营销的能力。

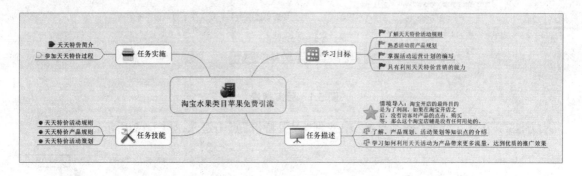

🔹【情境导入】

淘宝运营是一个长期的过程,店铺只依靠免费流量并不能为店铺产品带来更多的销量。因此,在店铺运营过程中需要积极地参加活动,这样才能为产品带来更多的流量,提高产品销量,从而使店铺运营更加顺利。本章节主要通过天天特价活动的了解、产品规划、活动策划等知识点的介绍,学习如何利用天天特价活动为产品带来更多流量,达到优质的推广效果。

技能点 1   天天特价活动规则

1. 了解天天特价

天天特价活动是淘宝网扶持中小卖家的官方活动（天猫卖家也可以报名参加）。天天特价是当季性价比相对较高的包邮产品销售平台，活动当天 00:00:00 开卖。

天天特价活动进入方法：

方法一，可通过百度进行搜索"天天特价"，点开后就是天天特价首页，如图 5.1 所示。

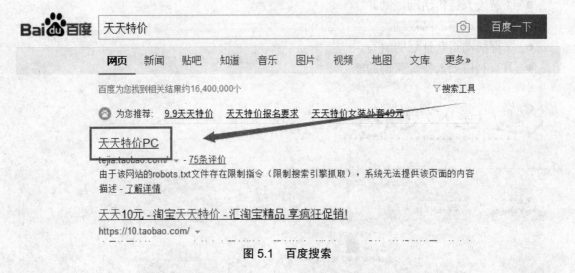

图 5.1   百度搜索

方法二，在淘宝首页"网站导航"中找到"天天特价"点击进入，如图 5.2 所示。

图 5.2   网站导航

登录后，展现界面如图 5.3 所示，客户可以根据分类找到自己喜欢的产品，点击后会直接跳转到单品页查看详情内容，进行下单就可以了。

图 5.3 天天特价首页

现如今手机购物人群在不断增加,打开"手机淘宝"就可以找到"手机天天特价",浏览购买产品更加方便。

2. 查看可报名活动

天天特价报名入口:登录淘宝商家账号,进入卖家中心,在"营销中心"点击"天天特价"进入页面,有多个报名入口,商家报名、我要报名或商家中心都可以跳转到报名页面,如图 5.4 所示。

图 5.4 天天特价报名入口

不同的时期可报名的活动类型不一样,如果当下正赶上 618 年中大促,大多数是关于 618 的活动,如图 5.5 所示。

图 5.5　618 相关活动

在日常活动报名中会有"天天特价类目日常活动"、"今日特价王"、"天天特价清仓特卖活动招商"等活动，如图 5.6 所示。

图 5.6　日常活动

当商家打算报名某项活动时，直接点击后方的"去报名"就可以进入报名流程。此外商家如果要了解"天天特价类目日常活动"和"天天特价日常单品招商"标准，可参考下文的详细介绍。

（1）天天特价类目日常活动

店铺如果想要参加"天天特价类目日常活动"，需要先查看活动详情。这里会有活动时间、报名时间、活动介绍、活动玩法的介绍，如图 5.7 所示。在开始活动前要仔细阅读"活动详情"，商家必须同时符合所有条件，才可报名。天天特价也会选择更为优质商品的商家，面向满足特定要求的商家定向招商。不同的活动，活动详情内容也会不一样，满足相应的要求就可以报名活动。

天天特价 - 天天特价类目日常活动

▎基本信息

活动时间：
2018-01-30 00:00:00 至 2019-01-29 23:59:59

报名时间：
开团前 15天 至 开团前4天

活动介绍：
天天特价类目日常活动招商规则

规则详情请查看：https://rulesale.taobao.com/detail?spm=a2114q.8740881.bodylink.27.78283404WHKl9N&cid=451&id=6741

重点如下：
1、本活动针对淘宝店铺和天猫店铺（含天猫国际商家、飞猪天猫商家、飞猪天猫国际商家）招商；
2、淘宝店铺须支持淘宝消费者保障服务；
3、淘宝店铺店铺信用等级为一钻及以上；
4、近半年店铺非虚拟交易的DSR评分三项指标分别不得低于4.6（开店不足半年的自开店之日起算）；
5、店铺内非虚拟交易笔数占比达90%及以上，虚拟类目（如：生活服务、教育、房产、卡券类等）除外；
6、店铺需要加入"7天无理由退换货"服务；
7、店铺在线商品量≥10件；
8、开店时长≥90天
9、近30天纠纷退款率超过店铺所在主营类目的纠纷退款率均值的5倍，且纠纷退款笔数≥3笔的（主营类目的纠纷退款率均值，以卖家中心页面显示为准），限制参加营销活动；
10、店铺因违反《淘宝规则》、《天猫规则》、《天猫国际服务条款规则》、《飞猪规则》导致出现以下情形的，将被限制参加营销平台活动：
11、活动后降价，是指商家的商品在参加营销平台活动结束后15日内，出现实际成交价格低于其参加营销平台活动期间任一实际成交价格的情形。商家首次出现活动后降价的，给予警告，再次及以上的，每次扣三分。具体详情见《营销平台商家管理规则》。

【疲劳期】
1、一个商家1个自然月内最多可以参加5次活动，每次活动最多可报名1个商品；

2、从商品报名开始到活动结束前，商品不允许重复报名。在此期间内，若审核未通过或活动取消，可以再次报名；

3、单个频道、区块或大型活动如有特殊招商规则的，适用特殊招商规则。

【商品条件】报名商品必须同时符合以下条件，方可报名：
商品基本资质：
1、招商商品类型：淘宝&天猫商品；
2、报名商品库存≥50；
3、报名商品30天已售出数量≥10；
4、除特殊类目商品外，其他报名商品的报名价格须满足营销平台最低价要求，具体详见《营销平台15天最低价》：
https://rulesale.taobao.com/detail?spm=a2114q.8740881.bodylink.18.48876086ZIvPU7&cid=347&id=6433
5、报名商品价格必须≥10元；活动价格必须一口价；
6、品牌商品必须有品牌方提供的售卖证明、或者商品以报名库存为要求的购买发票、或者有品牌渠道商的资质证明；自有品牌商品提供自有品牌的相关证明；
7、除特殊类目商品外，其他报名商品必须支持包邮。包邮是指由卖家承担从卖家处发货到买家处的大陆地区（大陆地区，是指除香港、澳门、台湾地区以外的中国所有省、直辖市和自治区）首次发货的运费。
（1）家装主材、家装灯饰光源、基础建材、住宅家具、商业/办公家具类目下的大件商品，支持包物流，同时淘宝商家必须是极有家商家，天猫商家必须符合《天猫美家无忧购送装装服务体系》。

活动玩法：
特价日常单品优惠：

图 5.7 日常活动介绍

如图 5.7 可以看出：

①活动时间：表示一年中都有活动。

②报名时间：当计划在哪一天参加天天特价活动，要在开团前 15 天至开团前 4 天，进行报名活动。

③活动介绍：满足相应的要求才可以报名活动。这里要满足的要求有：店铺的要求、店铺等级、动态评分、店铺商品数、开店时间、库存量、包邮情况等多个方面。

（2）天天特价日常单品招商标准

店铺如果想要参加"天天特价单品招商活动"，首先需要查看招商标准。商家可以从卖家中心进入"天天特价"，在界面首页进入"规则流程"，通过搜索找到"天天特价日常单品招商标准"，如图 5.8 所示。

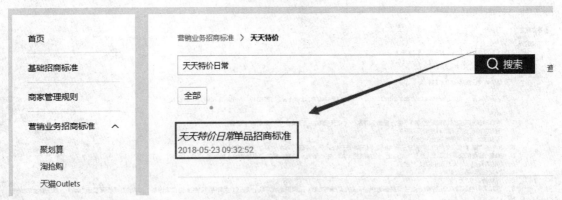

图 5.8　搜索页面

进入之后，可以查看"天天特价日常单品招商标准"准入条件：商家条件、商品条件、疲劳度控制等。满足相应的条件才有准入资格，展现界面如图 5.9 所示。

天天特价日常单品招商标准

第一章 概述

第一条　【目的和依据】为促进开放、透明、分享、责任的新商业文明，保障天天特价用户合法权益，维护天天特价正常运营秩序，根据《淘宝规则》、《天猫规则》、《营销平台服务协议》等相关规则和协议的规定，特制定本标准。

第二条　【适用范围】本标准适用于参加天天特价日常单品的所有商家。

第三条　【定义】天天特价是一个汇聚天猫和淘宝高性价比优质商品的营销平台，通过各种折扣玩法满足消费者对实惠商品需求。

第二章 准入

第四条　【商家条件】商家必须同时符合以下条件，方可报名。同时天天特价也有权基于选择更为优质商品/商家等原因，面向满足特定要求的商家定向招商。

1、本活动针对淘宝店铺和天猫店铺（含天猫国际商家、飞猪天猫商家、飞猪天猫国际商家）招商；

2、淘宝店铺须支持淘宝消费者保障服务；

3、淘宝店铺信用等级为一钻及以上；

4、近半年店铺非虚拟交易的 DSR 评分三项指标分别不得低于 4.6（开店不足半年的自开店之日起算）；

5、店铺实物交易占比须在 90% 及以上，以下类型店铺除外：

（1）主营一级类目为消费卡、购物提货券、餐饮美食、移动/联通/电信充值中心、手机号码/套餐/增值业务、网络游戏点卡、腾讯QQ专区、装修设计/施工/监理、装修服务、生活娱乐充值类目的店铺；

（2）主营一级类目为手机的天猫店铺；

图 5.9　活动规则页面

3. 天天特价活动流程

点击立即报名。点击要报名活动后方的"去报名"如图 5.10 所示，先了解活动详情，然后点击"下一步"。

图 5.10　报名页面

选择报名商品以及期望开团时间,如图 5.11 所示。点击选品后,会有产品展示,当是灰色的时候不能选择相应的产品,可查看没有达到哪项要求,从而优化后再选择。

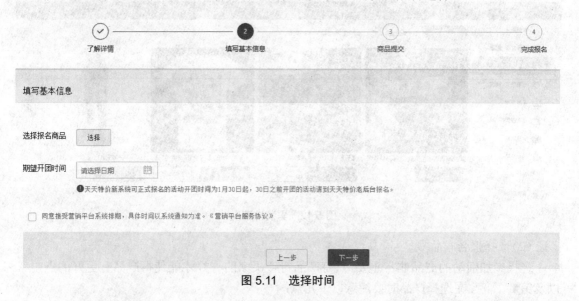

图 5.11　选择时间

技能点 2　天天特价产品规划

1. 活动产品规划目的

规划的目的是为了更好的对市场做出预测,达到一个满意的活动效果。在报名活动前需要对产品进行市场分析、选品、定价、备货等操作,通过收集同行业报名的经营数据,了解同行业的定价以及销售情况,分析顾客的需求、了解竞争对手、了解报名后的风险以及带来的机会,进一步做好报名前的产品准备工作。

2. 天天特价活动规划

在报名参加天天特价活动之前,需要对店铺产品、产品数量等进行分析,从而确定参加活动的产品以及产品库存量等。

（1）分析同类报名产品情况

找到自己店铺经营的类目,以男装类目为例,在天天特价页面进行搜索。查看天天特价中该产品的种类情况、产品优惠力度、销量情况,产品的受众人群、店铺等级情况等,如图 5.12 所示,可以看到男装的排序,从中看到受欢迎的价格等情况。

图 5.12　男装排序

（2）选择报名产品

选择参加活动的产品非常重要，只有产品符合买家的喜好才能使得产品有更好的点击率以及销量。商家在选择产品时要注意以下几点：

①注意产品的人气情况，是不是属于应季的热品；

②当下报名产品中有没有类似款，如果有，商家是否有价格优势以及店铺优势；

③了解产品的受众人群，保证产品属于大众能接受的产品；

④产品要有独特的卖点，独特的卖点能够吸引顾客；

⑤产品的属性属于热销属性，确保拥有这类属性的产品好卖；

⑥产品质量是核心，不能因为价格的降低而降低产品质量；

⑦根据产品成本进行定价，不要因为报名活动使店铺亏损。

在知道选择产品时应注意什么之后，还需要有选择产品的方法，如下所示：

通过数据软件进行数据分析，再通过生意参谋工具找到店铺里适合报名天天特价的产品，如图 5.13 所示。

图 5.13　寻找适合产品

通过查看同行业报名天天特价情况，查看当季度销量比较好的款式，分析原因，从店铺里进行选择，如图 5.14 所示。

图 5.14 销量

在报名天天特价的选品中要考虑到产品的中差评以及退货情况。天天特价的客户相对是一些消费能力较弱的客户,因为活动中,客户数量较多,商家可能会出现服务不到位的情况导致容易出现中差评与退货。差评和退货率会影响宝贝的排名权重及转化率的。为了降低差评以及退货率,商家在参加活动时要注意以下几点:

①不要用低质量的产品去报天天特价。淘宝做天天特价突出的是特价,是物超所值,不能是便宜的质量不好的货,性价比是第一位。

②超出顾客的期望值。送活动里没有说的小赠品,赠品一定要和产品的属性相关。给客户意外惊喜,这样会把差评率及退款率降低很多。

③优质的服务体现。千牛聊天的客服最后强调,客户如果有问题,请与我们客服沟通,我们将于第一时间解决问题。也可在邮寄产品中存放祝福卡片。

(3)活动定价

报名天天特价的产品价格要考虑到产品的成本以及活动定价。产品成本有:进货成本、人员工资、行政费用、推广费用、平台扣点、运营费用、快递费用等,如图 5.15 所示。

不同店铺成本构成不同,淘宝店没有平台扣点,天猫店铺有平台扣点;团队需要考虑人员工资;店铺的流量入口侧重点不一样,广告投入会不一样;个别店铺需要纳税等,店铺成本需要根据店铺的实际情况计算产品的成本。

例如:一个产品成本是 18 元,人员工资占比 15%,行政费用占比 4%,推广费用占比 12%,平台扣点占比 5%,运营费用占比 5%,快递费用占比 5%,其他费用占比 9%,总成本是 40 元。当产品售价低于 40 元时就会出现亏损的情况,如图 5.16 所示。

在报名活动时,定价既要保证利润,又要通过报名获得最大化的成交量。店铺在报名天天特价活动前,可以记录其他店铺的产品报名情况。以男士衬衫为例,追踪的数据有店铺名、产品图、一口价、活动价、日常售价、活动销量和活动销售额,如图 5.17 所示,可以根据行业价格与销售情况来制定自己的产品活动金额。

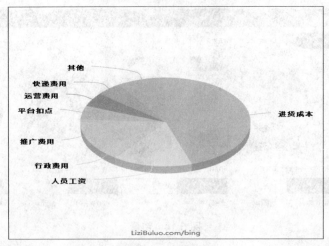

图 5.15　成本构成

进货成本	人员工资	行政费用	推广费用	平台扣点	运营费用	快递费用	其他	总成本
18	15%	4%	12%	5%	5%	5%	9%	40

图 5.16　成本

店铺名	产品图	一口价	活动价	日常售价	活动销量	活动销售额
匡锋旗舰店		99	55	79	37	2035
ktaak旗舰店		158	59.9	68.9	48	2875.2

图 5.17　指定产品金额

（4）库存数量

库存数量在参与活动时进行设置,活动过程中不可修改,其设置过多或过少,都会对活动有影响。商家应该根据经验或者对同行业的分析来制定库存数量。

①库存设置过多。在活动中没有卖完会导致大量库存滞留,将会影响下一次的活动报名。例如活动上了1000件产品,但只卖了100件,最后还有900件剩余,这种情况会对下一次的活动报名产生负面影响。活动报名能否成功也会取决于上一次的活动效果,上一次活动效果好,接下来的报名通过率就会比较高;上一次的活动效果不好,接下来报名通过的可能性就比较低。

②库存设置过少。在活动中就会直接的影响这次活动的效果。例如活动只上了100件产品,在活动刚开始没多久就卖完了,此时产品库存为0,就不能再继续销售了。

③库存数量设置。如果有报名天天特价的经验,可以根据以往的报名与销售情况来制定下次的销售数量,例如上一次天天特价报名价格是50元,卖出去100件,这次打算还是定50元的话,报名数量在100件左右就可以,也要根据市场的具体情况,如果价格有变动,销售的数量也会有一定的变化。根据同行业的报名数量以及销售价格来制定自己店铺的报名数量。

(5)活动备货

为天天特价活动做出相应的预测,要提前准备货源,保证货源充足。要考虑好备货后卖的不理想时产品的销售问题。也要考虑到库存的压货容易导致商家资金链断裂。为了更好做出判断,要对产品进行分析把控。

在活动中可考虑准备些卡片类或赠品类的东西,让顾客感受到更好的服务。

技能点3　天天特价活动策划

1. 天天特价活动的目的

每个人开店的目的不一样,大多数是为了盈利。天天特价活动最大的作用就是可以让店铺产品在短时间内能够获得较多的流量并实现成交。商家参加活动的目的有:

(1)让产品快速成长。天天特价报名的产品一般都有一定的交易量,想要获得更多的交易量,好的评价很重要,一旦有很多人购买并进行好的评价,顾客对产品的怀疑就会消除。活动做好的情况下,就可以吸引更多顾客,形成产品快速下单。

(2)开发新的顾客。天天特价活动中,产品价格相对优惠,以产品价格优惠的优势,可以吸引顾客下单,为店铺引来更多的流量。

(3)刺激顾客再次购买。产品是开店的核心,对于购买过的顾客来说,第一次购物比较满意,顾客就会再次购买。当参加天天特价活动后,老客户看到价格优势,会再次购买,对于活动有期限的产品效果更佳。

(4)提高产品销量。店铺产品销量越高越赢得客户的信任,现在大部分的客户,在购买产品时,都习惯购买销量较高的产品。商家可以通过天天特价活动中流量的优势,在短时间内提升店铺产品的销量。

(5)报名天天特价抢占市场份额、打造店铺品牌等。想要达到相应的目的需要进行合理的规划。

根据商家参加活动的目的,把商家分为以下三种类型,分别是:

　　① 提升权重型：不以盈利为目的，增加产品的销量、评价，以此来提升产品和店铺的权重。产品价格低、质量佳，就可以在活动中获得更高的销量，并且客户不因产品质量等问题给出差评。

　　②累计客户型：参加天天特价是积累和维护老客户的核心模式。一个店铺要想积累更多的客户群体，必须注重老客户的积累，天天特价活动可以吸引老客户看到价格优惠，进而再次购买。

　　③盈利赚钱型：成本控制好，在质量良好的情况下，成本低于同类商家；产品功能、设计新颖，价格略高吸引消费者购买。

　　2. 天天特价活动准备

　　活动准备主要包括审核通过、清点库存、清理其他活动和宝贝美容四个步骤，如图 5.18 所示，下面分别进行讲解。

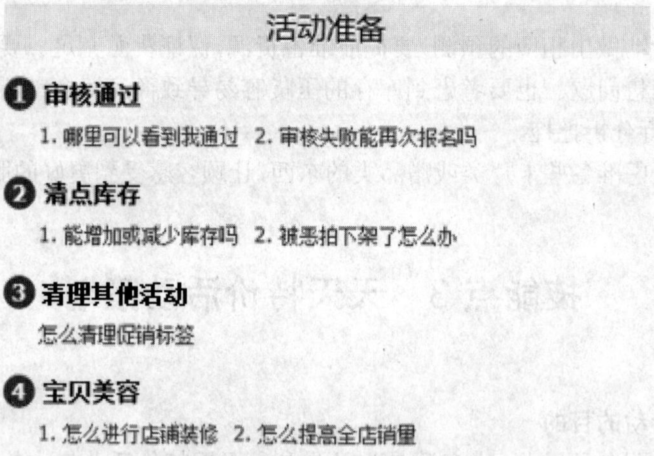

活动准备

❶ 审核通过
　　1. 哪里可以看到我通过　2. 审核失败能再次报名吗

❷ 清点库存
　　1. 能增加或减少库存吗　2. 被恶拍下架了怎么办

❸ 清理其他活动
　　怎么清理促销标签

❹ 宝贝美容
　　1. 怎么进行店铺装修　2. 怎么提高全店销量

图 5.18　活动准备

（1）审核通过

　　天天特价目前只有初审（一审），没有终审（二审）环节；特价活动初审通过后商家就可以发布活动；发布完成后，等待活动正式上线即可。天天特价活动初审通过后，有两种发布方式：

　　①系统自动发布：商家若未设置自主发布，系统会自动发布。日常的特价活动会在活动开始前一天 15：00 由系统自动发布，部分大促特价活动除外。当报名成功后需要尽快优化 SKU、价格及主图等信息。

　　②商家自行发布：找到对应商品，点击商品详情中的"我要发布"。具体操作流程如下：

　　第一步，在"天天特价商品管理"中选择待发布状态的商品，点击"商品编辑"或"商品详情"，如图 5.19 所示。

图 5.19　商品编辑

第二步,根据提示,点击"我要发布",如图 5.20 所示。

图 5.20　设置并发布

第三步,在点击之后需要进行价格确认,确认无误之后,点击"确定发布"即可。如图 5.21 所示。

第四步,系统检测商品是否设置正确,若不符合发布条件,可按照提示,点击"去设置"优化商品,如图 5.22 所示。

在天天特价报名成功后发布产品时,需要调整库存:需设置商品的真实库存大于活动报名库存。确认商品实际 SKU 和活动 SKU 保持一致;天天特价支持部分 sku 报名,如您选择部分 sku 报名,需要及时删除未报名的 sku;活动发布后不要更改商品 sku 信息,否则活动有无法参加的风险。

(2)清点库存

活动通过后,收到系统通知起,需要立刻修改报名库存。在天天特价活动过程中产品会被系统锁定,不能做任何增减操作。如果活动中,买家拍下 30 分钟不付款,商家可以与买家协商后关闭交易,前台库存实时恢复。

活动通过后,如何设置库存。例如报名一款衬衫,衬衫总共 5 种颜色,报名数量为 300 件。表示应设置这 5 种颜色的衬衫总库存数为 300 件。

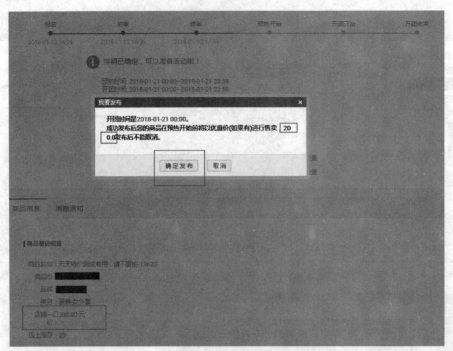

图 5.21　确认价格

图 5.22　设置商品

关于分销商库存问题：经销商可以自行控制库存的，则不用取消关联库存。审核通过后，分销商取消此商品跟经销商的关联，让经销商发布一个跟这个宝贝一样的商品库存设定为报名的值，分销商重新关联这个宝贝即可。

当参加天天特价活动时，如果被恶拍导致下架，要及时确认是否被恶拍，属于恶拍需要即刻关闭交易，然后再对宝贝进行上架操作，前台缓存后恢复库存，并继续活动。

（3）清理其他活动

大部分卖家都会有过这样的经历，活动通过了之后系统告知需要取消其他促销活动，但这个具体指哪些呢？

参加天天特价的商品，若使用其他优惠工具打折价格低于特价活动价格，所有活动冲突标签必须取消，包括聚划算等活动平台的促销价格。

另外商家需要检查这款宝贝之前是否有做过促销活动，还没有结束活动时间的，如果未设置结束时间，后台默认 2052 年结束，如果有这样的情况需要立即结束。

（4）产品美容

参加天天特价活动,对图片有一定的要求,要求有如下几点(具体要求请以报名页面提示为准):

①报名商品图片为白底,像素高于 480*480;

②图片清晰主题明确且美观,无拉伸变形、无拼接水印、无文字信息;

③支持 JPG、JPEG、PNG 格式,且不大于 500KB。

报名通过的卖家需在其店铺首页和参与活动的宝贝详情页面展示天天特价频道指定 LOGO 图片和天天特价定制邮费模板。

卖家店铺首页描述最上面悬挂天天特价宣传 banner,进入店铺装修页面,在首屏自定义中添加,"旺铺拓展版"放 950 像素 banner;"扶植版"放 750 像素 banner,如图 5.23 所示。

图 5.23　宣传 banner

卖家宝贝描述页面首屏位置悬挂"天天特价定制邮费模板",如图 5.24 所示。在此页面不得再出现任何邮费的补充描述。邮费模板需要按照天天特价详情规范去更改,在卖家中心进入"出售中的宝贝"找到活动商品进行编辑。

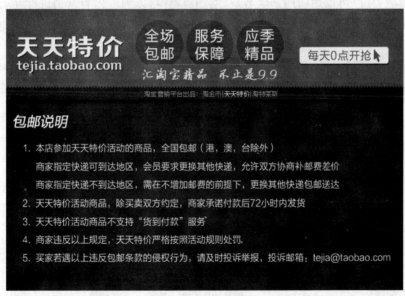

图 5.24　邮费说明

店铺首页左侧导航栏,如图 5.25 所示。

图 5.25　导航栏

3. 天天特价活动的把控

对活动的把控,可以使活动更好的进行,吸引客户参与活动,获得流量以及成交量。活动把控分为三个时间段:活动前、活动中和活动后。

活动前:活动开始前两个小时是关键时间点,如果在活动一开始产品就获得较不错的成交量,在接下来产品排名上相对会更靠前。在活动前期可以做一些前多少名半价,前几分钟立减多少元的活动。

活动中:根据流量和销量的变化调整运营方向。例如,活动中流量没有达到预期效果,可以加大广告投放力度;可以短信通知老客户,增加流量;可以通过内容营销进行互动。

在活动中时刻关注每个环节遇到的问题,及时解决出现问题,把出现的问题进行统计,并附带解决方法。

活动后:活动后进行活动总结。前一次活动的数据,是以后参加活动的重要参考点。在一次活动中,运营要搜集各项基础数据,并做好数据分析,为下一次活动做好准备,如图 5.26 所示。

数量	开始前关注数	第一日流量	第二日流量	推广	数量	售罄率	1小时后售出数量	销售额	全店第一日销售额	全店第二日销售额
900	6000+	5.8w+	2.3w+	0	500	56%	100	5.5w	10.7w	6.3w
1000	8000+ex5小时	5.5w+	5.1w+	钻展3200元,点击率3.97 单价0.92 点击1841	1000	100%	230	8.6w	6.1w	9.7w
1500	9000+	1.8w+	7.9w+	钻展1693元,点击率1.85 单价1.71 点击991	982	66%	200+(第二天早)	884452	4.7w	13.3w
700	8500+	1.8w+	5.3w+	同新风尚合并投放	467	67%	150+(第二天早)	50930	8.9w	11.2w

图 5.26　数据整体

参加天天特价活动

1. 简介

参加天天特价活动可以为产品带来更多的流量,提高产品的点击率、成交率,增加产品的销量,为店铺带来更多的利润。

2. 报名流程

第一步,登录卖家账号,在卖家后台点击"营销中心"中的"天天特价",进入"活动报名"选择对应频道活动,点击要报名活动后方的"去报名",如图 5.27 所示。

图 5.27　报名活动

第二步,在活动详情,先了解活动时间、报名时间、活动介绍以及活动玩法。现阶段活动报名属于免费,点击"下一步",如图 5.28 所示。

图 5.28　了解活动

第三步,选择报名商品,填写期望开团时间,并同意协议,点击"下一步"如图 5.29 所示。

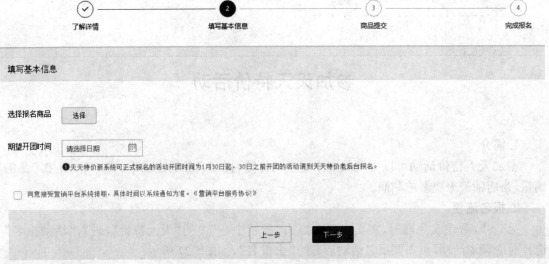

图 5.29　填写时间并同意协议

在点击商品选择时,选择相应的商品报名就可以,当商品没有达到报名要求时,可以查看原因,是哪项指标没有达到,达到指标后再选择报名,如图 5.30 所示。

商品	品牌	类目	店铺一口价	线上库存	商品状态	操作
2018夏季新款韩版女装修身显瘦欧A字裙子气质仙春夏装雪纺连衣裙	-	连衣裙	598	1500	下架	选择 查看原因
2018夏款女士T恤	other/其他	T恤	35	1200	下架	选择 查看原因
2016夏季新品女装 女神范时尚优雅连衣裙牛仔蕾丝拼接甜美公主裙	-	连衣裙	168	898	下架	选择 查看原因
2018年春季女装淑女单件修身显瘦休闲毛呢外套韩版翻领长袖连衣裙	-	连衣裙	178	599	正常	选择 查看原因

图 5.30　选择商品

通过日历选择对应的可报名时间,如图 5.31 所示。

图 5.31　选择日期

第四步,填写商品活动相关信息,如图 5.32 所示。若提交的商品信息素材不符合要求,将不会进入下一步,根据报错提示进行修改后再提交。

图 5.32　填写商品信息

第五步,提交报名后等待小二审核,可在"天天特价"商家中心"已报活动"中查看商品审核进度,如图 5.33 所示。商品审核通过后,不强制将商品标题(非活动标题)增加"天天特价"关键字。

图 5.33　提交并审核

第六步,找到对应商品,点击商品详情"我要发布",商家可自行发布时间:活动开始前 2 天 18 点到活动开始前 1 天 15 点,若未自主发布,系统会在活动开始前 1 天 15 点自动发布,如图 5.34 所示。发布完成后,等待活动正式上线即可。

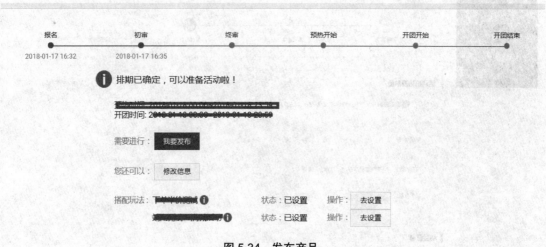

图 5.34　发布产品

任务总结

本项目介绍了天天特价活动,通过本项目的学习可以了解天天特价活动的基本内容,通过对产品的规划以及活动的策划了解天天特价的过程,以具体步骤地形式掌握参加天天特价的步骤,学习之后能够利用天天特价活动来为产品增加流量。

活动	activity	独立	independent
店铺	store	具体的	concrete
规划	project	角度	angle
目的	purpose	美工	art designer

一.选择题

1.从产品角度出发,下列选项中不属于产品要素的是(　　　)。

A.产品的功能　　　　　　　　　　B.产品材质、质量

C.质保　　　　　　　　　　　　　D.生产厂家

2.天天特价的邮费通常为(　　　)。

A.10元　　　　　　　　　　　　　B.12元

C.江浙沪包邮,其他地区10元　　　D.全场免邮

3.产品成本的构成中,销售成本构成占比最高的是(　　　)。

A.货品生产成本　　　　　　　　　B.推广成本

C.人员成本　　　　　　　　　　　D.运营费用

4.天天特价入口位置描述正确的是(　　　)。

A.营销中心—我要推广—天天特价　　B.店铺管理—店铺运营工具—天天特价

C.营销中心—活动报名—天天特价　　D.店铺管理—活动报名—天天特价

5.参加天天特价活动的目的不包括(　　　)。

A.提升权重型　　　　　　　　　　B.盈利赚钱型

C.累计客户型　　　　　　　　　　D.回馈顾客型